Elogios para

HE ESTADO PENSANDO...

de Maria Shriver

"[*He estado pensando...*] es precioso... Sentí tu alma plasmada sobre estas páginas". —Oprah Winfrey

"Shriver habla de la maternidad, la fe, la aceptación y mucho más en su búsqueda de tácticas que nos ayuden a vivir una vida con más sentido. Lleno de citas, plegarias y anécdotas personales, este libro te hará sentir como si te fueras a un largo paseo con una amiga cercana". —*PopSugar*

"La honestidad contenida en este libro conmoverá a la ya establecida red de lectores de Shriver, y también a aquellos nuevos lectores que busquen inspiración". —*Publishers Weekly*

"Si te sientes atascada o perdida, o si tan solo necesitas un mensaje positivo, este libro es para ti. La sabiduría de Shriver te llenará". ——Hoda Kotb, presentadora de noticias de *The Today Show*

"Maria Shriver siempre ha sido una voz a favor de la esperanza, la unidad, la igualdad y el amor: una voz sabia y estable que nos llama a ser las mejores versiones de nosotros mismos. En este libro nos ofrece su sabiduría, ternura, ánimo y fe inclusiva, maravillosa y accesible... Es un libro que toda persona debe tener cerca". ——Glennon Doyle, autora de *Love Warrior*

"Maria Shriver es una persona de compasión, inteligencia y honor excepcionales. Si buscas ánimo, inspiración y consuelo, lee este libro. Al igual que su autora, es un precioso regalo para el mundo".   —Martha Beck

"Maria Shriver es un ejemplo brillante de compasión y entendimiento mutuo".   —Tom Brokaw

"Provocador y enérgico, este libro ofrece un mensaje profundamente personal que te ayudará a llenar tu vida de alegría y significado".   —Deepak Chopra

"Este libro es estupendo. Shriver nos enseña a todos los alumnos de la vida a buscar el sentido en la alegría que sientes al seguir tus pasiones. Es exactamente el tipo de consejo que aprecia un cardiocirujano como yo".
—Mehmet Oz, MD

"En *He estado pensando...*, Shriver nos regala conocimiento, honestidad e inspiración; nos saca de nuestro mundo individual y nos conecta con lo que realmente importa en el camino que recorremos como seres humanos".   —Mark Hyman, MD, director,
Cleveland Clinic Center for Functional Medicine

"¡Este libro llenará tus reservas de inspiración hasta desbordarlas! Indispensable para cualquiera que necesite restaurar su paz, su propósito y su pasión".
—DeVon Franklin

Maria Shriver

HE ESTADO PENSANDO...

Maria Shriver tiene cuatro hijos, es periodista y pro-
ductora. Ha recibido los premios Peabody y Emmy, y
es autora de seis bestsellers del *New York Times* y de un
famoso libro de colorear. Es, además, presentadora
especial de NBC News y fundadora de The Women's
Alzheimer's Movement. Cuando no está pensando o
escribiendo, pasa el tiempo con sus hijos.

HE ESTADO
PENSANDO...

———————————

Maria Shriver

HE ESTADO PENSANDO...

Reflexiones, oraciones y meditaciones para una vida plena

Traducción de Wendolín Perla

Vintage Español
Una división de Penguin Random House LLC
Nueva York

PRIMERA EDICIÓN VINTAGE ESPAÑOL, ABRIL 2019

Copyright de la traducción © 2018 por Penguin Random House LLC

Todos los derechos reservados. Publicado en los Estados Unidos de América por Vintage Español, una división de Penguin Random House LLC, Nueva York, y distribuido en Canadá por Random House of Canada, una división de Penguin Random House Limited, Toronto. Publicado originalmente en inglés en los Estados Unidos como *I've Been Thinking...* por Viking Books, una división de Penguin Random House LLC, Nueva York, en 2018. Copyright © 2018 por Maria Shriver.

Vintage es una marca registrada y Vintage Español y su colofón son marcas de Penguin Random House LLC.

Información de catalogación de publicaciones disponible en la Biblioteca del Congreso de los Estados Unidos.

Vintage Español ISBN en tapa blanda: 978-0-525-56620-5

www.vintageespanol.com

Impreso en los Estados Unidos de América

10   9   8   7   6   5   4   3   2   1

Para Katherine, Christina,
Patrick y Christopher

Los amo hasta la luna y de regreso.

Índice

Introducción   *19*

Soy lo que decido ser   *23*

La joya interior   *26*

La "fortaleza interior"   *28*

Tú puedes crear tu vida... y recrearla   *31*

Lo que aprendí sobre el poder
en una comunidad de monjas   *33*

El poder de la paz surge del interior   *37*

El poder de la gratitud   *40*

El poder del pensamiento positivo   *42*

El poder de la mente   *46*

El poder de las mujeres   *48*

El poder de la presencia   *51*

El poder de la pausa   *54*

El poder de escuchar   *59*

El poder de la empatía   *63*

El poder de soltar   *66*

El poder de dar gracias   *69*

Índice

El poder de la maternidad   *72*

El poder de la risa   *75*

El poder de la fe   *77*

El poder de la oración y la meditación   *79*

El poder del perdón   *81*

El poder de tu historia   *83*

Perseguir la ilusión de la perfección   *86*

Por qué la aceptación es el camino para encontrar la paz   *89*

Por qué se requiere valor   *91*

Un augurio de Dios   *94*

He aprendido a merecer   *98*

Lleva alegría a tu hogar   *102*

Cuando la vida te tome por sorpresa, haz esto   *104*

El duelo está bien; de hecho, es crucial   *107*

¿Cuándo es el momento de seguir adelante?   *111*

Guardianes de la fe   *114*

¿Qué es el amor?   *116*

Amar la maternidad   *119*

Habla de amor, no de odio   *122*

Necesitamos un movimiento social a favor de la amabilidad   *124*

Retrocede para seguir adelante   *127*

Basta de quejas   *129*

Seis verdades sobre la familia que he aprendido en el camino   *132*

Todos tenemos problemas mentales, y está bien   *136*

Índice

Por qué dejar de insistir en que "yo puedo solo" *140*

Buscar la luz entre las grietas *145*

Una persona puede tener un gran impacto en ti *149*

Los hombres y la bondad *153*

Un mensaje de mi madre que atesoraré siempre *156*

En paz con tus decisiones *159*

Por qué necesitamos tiempo para pensar y reflexionar *162*

Día de las Madres, todos los días *165*

Todos estamos juntos en esto *168*

"Somos aquellos por quienes hemos estado esperando" *171*

Algo en qué poner atención más allá de tus labios,
tus muslos y tus ojos *175*

Reflexiones en una semana tempestuosa *178*

Mis reflexiones de Pascua *181*

Tiempo para descansar *185*

Lo que agradezco este Día de Acción de Gracias *189*

Lo que llevo conmigo cada Año Nuevo *192*

No me llames una madre con el nido vacío *195*

Sesenta lecciones de vida para mi cumpleaños *199*

Esperanza *205*

Epílogo *207*

¡Ah! Una cosa más: el poder de reconsiderar *210*

Agradecimientos *221*

HE ESTADO
PENSANDO...

———————————————

Introducción

He estado pensando en cómo vivir una vida plena prácticamente durante toda mi vida. Verás: crecí en una familia donde todos lograron grandes cosas. Apostaron por la presidencia. Echaron a andar programas que cambiaron la vida de miles de personas. Dieron discursos que sacudieron al mundo entero. Y nunca se dieron por vencidos en su misión de hacer del planeta un lugar mejor.

Habiendo crecido en un entorno así, he pensado mucho en cómo crear mi propio espacio, forjar mi propio camino, generar mis propios pensamientos y creencias, hallar mi propósito y mi misión. Desde luego, no soy la única que busca una vida plena. Estoy convencida de que cada uno de nosotros está aquí por una razón. Creo que vinimos a descubrir quiénes somos, qué pensamos, cuáles son nuestros dones y cómo podemos marcar una diferencia en el mundo. Encontrar estas respuestas toma tiempo. Una vida plena no quiere decir una vida perfecta; por el contrario, entraña cometer errores. Significa levantarse e intentarlo una y otra vez. Requiere fuerza, fe, esperanza y amor. Para mí, Maria, no ha sido siempre sencillo saber en qué creo: el pensamiento y la escritura han sido de suma ayuda para descubrirlo.

Este libro surge de la columna semanal que escribo para mi boletín digital *The Sunday Paper*. La columna se llama *He estado pensando*, y espero que estas reflexiones nos ayuden a superar el ruido de la vida diaria y nos proporcionen un camino inspirador hacia el futuro. Acompaño mis reflexiones personales con citas memorables y oraciones que han significado mucho para mí en distintos momentos de mi vida.

Aspiro a que estas palabras te ayuden a trazar el camino hacia una vida plena. Espero que los pensamientos aquí expresados te inspiren a meditar, a pensar, a escribir y reflexionar sobre lo que le da sentido a tu vida. Reconozcámoslo: la vida es una montaña rusa. A veces nos sentimos con absoluto control y nos encanta el viaje. Otras veces, nos sentimos totalmente rebasados por lo que ocurre y queremos salir corriendo. A lo largo de nuestra vida, algunas veces somos fuertes y otras, débiles. Estamos completamente seguros de lo que estamos haciendo y, de repente, nos sentimos perdidos. Nos sentimos eufóricos y, luego, deprimidos. Actuamos como si tuviéramos las riendas y, de pronto, somos víctimas. De repente somos valientes, luego nos asustamos como niños. Somos parte de una comunidad y, de súbito, nos sentimos solos. Nos enorgullecemos de nuestros logros, luego temblamos de vergüenza por nuestros errores. He sentido todo eso. Y he salido adelante gracias a mi fe, mi familia, mis amigos y la escritura.

Lo que escribo proviene de lo más hondo de mi corazón y de mi mente. Mis amigos y mi familia suelen decir que pienso demasiado, que debo relajarme. Para mí, sin embargo, pensar y escribir sobre mi vida y el mundo que me rodea es la receta perfecta para aclarar mis pensamientos y encontrar la paz.

Este libro aspira a motivarte a reflexionar para que encuentres la claridad que necesitas. Mis pensamientos no son los tuyos, pero pueden ayudarte. Algunas de las oraciones que dan paz a mi alma probablemente no surtan el mismo efecto en ti, pero habrá otras que sí. Aunque uso la palabra "Dios" para referirme a una fuerza superior a mí, sé que no todo el mundo lo hace. Solo comparto contigo aquello que me ha ayudado a navegar mi propia vida: como dicen por ahí, toma lo que te sirva y desecha el resto.

El único propósito de este libro es hacerte pensar sobre lo que representa una vida plena para ti. Únicamente para ti. Porque solo existe una versión de ti y cuentas únicamente con una vida. He aquí un libro para hacer de esa vida algo hermoso y significativo.

Con amor,
Maria

Cada mañana, comienzo mi día con esta versión de la oración de Santa Teresa:

Que hoy reine la paz.

Que confíes en Dios, en que estás exactamente donde tienes que estar.

Que no olvides las infinitas posibilidades que nacen de la fe.

Que utilices aquellos dones que has recibido, y que compartas el amor que te ha sido dado.

Que estés contento de saber que eres un hijo de Dios.

Deja que esta presencia se asiente en tus huesos y permita a tu alma la libertad de cantar, bailar, orar y amar.

Está disponible para todos y cada uno de nosotros.

—*Santa Teresa de Ávila*

Soy lo que decido ser

No soy lo que me ha pasado. Soy lo que
decido ser.

—*Carl Jung*

Hay mucha fuerza y poder en esa frase. Solo tú eres responsable de convertirte en la persona que deseas: tu imaginación, tu voluntad, tu determinación y tus decisiones. Siempre me he sentido fascinada por los caminos que toma la vida de las personas, desde que era una niña pequeña. He devorado cientos de biografías y autobiografías, y entrevistado gente de los más variados orígenes, intrigada por la forma en que lidian con sus mejores y peores momentos, y las encrucijadas y obstáculos que encuentran en el camino. Es decir, intrigada por las decisiones que han tomado.

Lo que he aprendido, en pocas palabras, es lo siguiente: nadie ha tenido una vida cuya trayectoria ha seguido una línea recta. No hay vida exenta de equivocaciones, dolor y arrepentimiento. También sé que nadie vive una vida perfecta: no importa si naciste en el seno de una familia famosa o no. Nadie es inmune a las dificultades, ya sean mentales, emocionales, físicas, financieras o profesionales. Todos tenemos algo sobre lo que debemos trabajar. Y, más a menudo de lo que quisiéramos, esa batalla tiende a ser dura, aterradora y solitaria. La buena noticia es que todos los días tenemos la oportunidad de comenzar de nuevo. Así que, hoy, comienza desde donde te encuentras: no desde donde desearías estar, sino desde donde realmente estás.

Agradezco haber cobrado conciencia de eso, ya que solía recriminarme demasiado por elecciones que consideré permanentes y oportunidades que creí haber perdido para siempre. También solía engañarme, fantaseando sobre un futuro hipotético en el que mágicamente todo sería como yo quería que fuera. He aprendido que vivir en el pasado y en el futuro me mantiene fuera de este mundo, atrapada en mi cabeza, secuestrada del presente.

Así que hoy elijo vivir en el presente. Mi intención es ser yo, tal cual soy ahora. Me abstengo, conscientemente, de juzgar a nadie: a mí misma o a los otros. He descubierto que, en lugar de invertir el tiempo en el pasado o en el futuro, puedo invertirlo ahora en mi familia, mis amigos, mi propósito y mi misión: en otras palabras, en mi vida real. Una de mis frases favoritas suele atribuírsele a Ralph Waldo Emerson: "Lo que dejamos atrás y lo que tenemos por delante no son nada comparado con lo que llevamos dentro". Así que, hoy, comienza justo donde estás. El pasado ya no existe. El futuro no está aquí. El día de hoy nos ofrece la posibilidad de ser la persona que queremos ser. No la persona que nos hubiera gustado ser ayer o la que querremos ser mañana, sino la persona que ya somos.

Querido Dios: Confío en que me encuentres allí donde esté. Ayúdame a tomar decisiones que sean buenas para mí y para mis seres queridos. Ayúdame a convertirme en la persona que estoy llamada a ser. Ayúdame a decir y a creer que, hoy, soy suficiente y valgo la pena. Ayúdame a saber que cada día es un regalo y que puedo comenzar de nuevo. Amén.

La joya interior

La peor agresión que podemos hacernos a
nosotros mismos, el peor daño, es no tener
el valor ni el respeto de mirarnos con ojos
honestos y compasivos.

—*Pema Chödrön*

B uscas la envoltura, o la joya interior? No importa
quién seas o qué edad tengas, el reto es el mismo:
¿Cómo dejar de concentrarnos en la envoltura brillante que creemos que somos y, en su lugar, ver la joya
interior, lo que en realidad somos?

Es difícil. Pienso en el maratón que es la vida y en la
resistencia que requiere. Pienso en lo difícil que resulta
lidiar con el cambio: envejecer y ver cómo tu familia, tus
amigos y tus propias expectativas cambian. Todo eso difi-
culta nuestra capacidad para percibir la belleza interior.

Ciertamente, todos queremos que alguien perciba
nuestra joya interior. Todos anhelamos ser vistos como
personas valiosas, no importa la edad que tengamos. Y
trabajamos muy duro para que otros reconozcan nuestra
valía, a menudo confiriéndoles poder para decidir si, de
hecho, somos joyas que vale la pena atesorar. Ese poder,

sin embargo, es solo tuyo. No lo cedas. Porque yo misma lo he cedido, sé que es difícil recuperarlo.

A veces me miro en el espejo y me pregunto quién me mira de vuelta. Pero recuerdo siempre que mis padres envejecieron frente a mis ojos y no por ello los amé menos. Así que, recuérdalo, eres una joya. No te desanimes si la envoltura se arruga o desaparece. Hay algo precioso en tu interior.

Hoy tomé una decisión: voy a hacer conmigo exactamente lo mismo que hice con mis padres: amarme cada día más, a medida que envejezco. Mirarme a mí misma sin juicios ni críticas, con generosidad y amor, para luego trasladar esas emociones hacia los demás. Voy a mirarme a mí misma —a mi espíritu, mi alma y mi corazón— ahora. Abre los ojos. Mírate. Mira la belleza que eres.

Querido Dios: Me honra el hecho de que, a pesar de mis errores, me amas y me valoras porque para ti no soy mejor o peor de lo que soy para los demás. Enséñame a apreciar y a querer a otros como tú me has amado. Amén.

La "fortaleza interior"

El fracaso no es fatal, pero la ausencia de
cambio puede serlo.

—*John Wooden*

He pensado mucho en lo que llaman "fortaleza interior". ¿Qué es exactamente? ¿Cómo se obtiene? ¿Cómo la cultivas y la conservas? Sé que la fe es la raíz de la fortaleza. La fe inquebrantable está hecha de pequeños actos a lo largo de tu vida. La fe proviene directamente de tus creencias personales: de saber quién eres, y que existe un poder superior a ti, ya sea Dios, Jesús, Buda, Alá, Adonaí, María, el Espíritu del Amor, la Mente Universal o cualquier otro. Esa fe, esa sabiduría, es lo que te ayuda a volver a ti mismo, a tus raíces, cuando la vida te sacude hasta las entrañas. ¡Eso es fortaleza!

Las personas con fortaleza interior permanecen tranquilas frente a la tormenta. Exudan una energía constante, fuerte y estable; el tipo de energía de la que quieres rodearte y que quieres cultivar dentro de ti: fuerza interior con resistencia. Es decir, fuerza que se mantiene en pie sin importar qué ocurra.

La gente con dicha fortaleza va por la vida con una integridad fuerte e inquebrantable. No agreden ni insultan a otras personas, no amedrentan ni denigran a nadie. Van por la vida con una ecuanimidad que va más allá de lo admirable: un estoicismo que resulta increíble. Últimamente he pensado que lo que todos necesitamos es una dosis de esa fortaleza interior. No sé a ustedes, pero a mí el mundo me resulta bastante inestable en estos tiempos.

Veo a la gente gritarse en televisión —no solo en los programas de telerrealidad— y me pregunto, *¡¿Qué diablos...?!* Peleamos entre nosotros. *¡¿Qué diablos...?!* Un candidato a la presidencia llama "muñeca estúpida" a una reportera y la gente ríe. *¡¿Qué diablos...?!* Las groserías son aplaudidas, no castigadas. *¡¿Qué diablos...?!* Miro cómo asesinan a tiros, en vivo, a una joven reportera y a su camarógrafo, y luego el agresor presume de ello en las redes sociales. ¿Saben qué? Hace un tiempo, ¡esa joven reportera pude haber sido yo! *¡¿Qué diablos...?!* ¿Qué le está pasando a nuestra cultura, nuestro discurso, nuestra política y nuestra nación?

Luego me detengo. ¡No más *Qué diablos...*! Tomo una decisión. Decido alejar mi mirada de todo eso y concentrarme en nutrir mi fortaleza interior, renovando mi fe de modo que pueda permanecer fuerte, centrada y enfocada en las bendiciones de la vida, en vez de dejarme arrastrar por toda la negatividad que grita para llamar nuestra atención.

Si cultivo mi fortaleza interior, cuando alguien me llame a mí o a alguien a quien amo "muñeca estúpida" —o la próxima vez que escuche a alguien lanzar un epíteto racista o cualquier otra humillación—, estaré lista para responder. Y no responderé desde la rabia ni desde una posición de debilidad, sino desde mi recién construida fortaleza interior. He ahí el lugar donde radica la fuerza, la fe, el amor y el poder verdadero. En mi interior, en mi estómago —y en el tuyo— está la fuerza para seguir adelante sin importar lo que ocurra.

Querido Dios: Ayúdame a hablar desde la calma y la fuerza amorosa. Ayúdame a hablar con intención positiva, sin humillar ni hacer daño a nadie. Ayúdame a encontrar las palabras adecuadas para hacerlo, los pensamientos precisos, el tono adecuado. Ayúdame a hablar sin miedo. Ayúdame a decir la verdad con gracia y amor. Amén.

Tú puedes crear tu vida... y recrearla

Es tu camino y solo tuyo. Otros pueden caminar
contigo, pero nadie puede caminar por ti.

—*Rumi*

Cuando somos jóvenes, pasamos demasiado tiempo planeando nuestra vida. Buscamos a alguien para planearla a su lado, amigos para completarla, hijos para fortalecerla, carreras profesionales para enriquecerla. Trabajamos muy duro para que todo eso ocurra. Pero la vida tiene una forma muy peculiar de cambiar dramáticamente los planes que tan cuidadosamente construimos y, de pronto, nos encontramos rediseñando nuestras vidas desde cero, otra vez.

Hay ejemplos de ello dondequiera que miremos. Tengo amigos cuyos mundos quedaron prácticamente destrozados por la adicción y que, en algún punto, decidieron dejar las drogas y aprendieron, por primera vez, a vivir sin hacerse daño a sí mismos o a los demás. Sin importar qué tan viejos eran cuando decidieron dejar las drogas, aprendieron lo necesario para cambiar su vida. También he visto a mujeres que se han separado de maridos abusivos y han aprendido que amar nada tiene que ver con lastimar. He visto a niños sobreponerse a la pobreza y convertirse en los primeros miembros de su familia en ir a la universidad. He visto a gente que lo ha perdido todo y ha reconstruido su vida y empezado una vez más. He visto a gente que ha cometido errores terribles, lo ha reconocido, ha asumido la responsabilidad, resarcido a aquellos a quienes ha lastimado y seguido adelante, más fuerte y mejor.

En cada uno de esos casos, lograr un cambio en la vida requiere valor para enfrentar el miedo a lo desconocido; valentía para oponerse a la realidad como es, o como la conocemos; fuerza para ser creativos ante el regalo que es la vida. Pero eso es exactamente lo que implica construir nuestra propia vida: pensar con originalidad, ser creativo, flexible, enfrentar el miedo a lo desconocido y explorarlo, y tener la voluntad para empezar de nuevo. Hace algunos años tuve que recomenzar mi propia vida, enfrentarme a lo desconocido y habitar ahí. Mentiría si dijera que lo disfruté, pero aprendí que puedo reimaginar y reconstruir mi vida. Y, desde entonces, lo hago cada día.

Tu vida te pertenece para crearla y recrearla. Como dijo Steve Jobs: "Todo lo que te rodea, todo lo que llamas vida, fue construido por gente no más inteligente que tú. Y puedes cambiarlo, puedes influir en ello. Y una vez que te das cuenta de eso, no vuelves a ser el mismo".

Querido Dios: Tú eres el Dios de la transformación. Ayúdame a ser valiente. Ayúdame a confiar en ti y a creer que estoy aquí para escribir mi historia, de modo que pueda llenarte de gloria y llevar felicidad a mí y a quienes me rodean. Amén.

Lo que aprendí sobre el poder en una comunidad de monjas

En el momento en que una mujer se encuentra a sí misma, en el momento en que sabe que se ha convertido en una persona influyente, una artista de su vida, una escultora de su universo, una persona con derechos y responsabilidades, [...] respetada y reconocida, comienza la resurrección del mundo.

—Hermana Joan Chittister

Viajé a Erie, Pensilvania, para conversar con mi amiga, la hermana Joan Chittister, sobre justicia social, paz, espiritualidad y mujeres. La hermana Joan es, desde hace más de sesenta años, monja benedictina, y en ese tiempo ha escrito más de cincuenta libros. Suele hablar, sobre todo, a favor de las mujeres: cómo la pobreza afecta a las mujeres, las mujeres y la Iglesia, las mujeres que padecen injusticias.

Siempre es una experiencia conmovedora visitar su comunidad en Erie. Es un lugar pacífico y espiritual, y en esta ocasión volví a sentir la paz y la tranquilidad que se apoderaron de mí la primera vez que fui. Llegué tarde por la noche. Un comité de bienvenida me esperaba en el aeropuerto: mujeres llenas de sonrisas y abrazos. Una monja se quitó el abrigo y me lo puso, para que no me resfriara.

Adondequiera que voy en Erie, la gente es así: simpática y amable. De hecho, es algo que casi me paraliza. "¿Qué será?", me pregunto. ¿Qué ocurre con estas monjas y su comunidad que acaba convirtiendo a Erie en un paraíso de amor y generosidad?

En el evento nocturno al que fui invitada como oradora, había setenta monjas en una audiencia de aproximadamente ochocientas personas. Todas sonreían y se trataban con generosidad; todas mujeres inteligentísimas, de mentes curiosas y pensamiento agudo. Trabajan en nuestras ciudades dando clases, ayudando, sirviendo a los demás, prácticamente de manera anónima, sin ganar dinero a cambio de su labor, pocas veces reconocidas en los periódicos, las revistas o la internet. Pero ¡caramba!, parecen felices y complacidas: complacidas con su vocación, felices de coexistir unas con otras y de servir a su comunidad, satisfechas con la sencillez de su vida.

No soy lo suficientemente ingenua como para creer que su vida carece de dificultades. He leído los diarios de la madre Teresa de Calcuta, donde revela sus batallas íntimas con Dios, su vocación y su trabajo. Sin embargo, apuesto a que, quienquiera que decida pasar un tiempo en esta comunidad (¡y debo subrayar que los visitantes son bienvenidos!), ir allí a escribir, a sanar, a orar o simplemente a estar, terminará sintiéndose, como yo, tranquilo, centrado, agradecido; en casa junto a esas servidoras de la paz y en casa consigo mismo.

Cuando hablamos de mujeres poderosas, siempre nos referimos a las mujeres que están en la política, que son directoras de grandes empresas, que figuran en cubiertas de revistas, que protagonizan películas o que aparecen en televisión. No obstante, quiero llamar la atención sobre esas mujeres cuyo poder emana de sí mismas: no de su ropa, de sus automóviles, de sus trabajos o de sus maridos. Las mujeres a las que me refiero carecen de los adornos que típicamente indican que alguien es poderoso.

La hermana Joan y sus compañeras me han enseñado a modificar mi propia opinión sobre el poder. El poder proviene de los valores, de las creencias, de tener un propósito, del interior. Las mujeres con quienes compartí esa semana no aspiran a convertirse en presidente de los Estados Unidos, pero están ahí para los demás todos los días del año, haciendo el trabajo del Señor. Hablan en nombre de quienes sufren, tratan de mejorar la vida de todos los que vivimos en el planeta.

Me gusta estar rodeada de gente intelectualmente curiosa, que crece, evoluciona y se interesa no solo por su camino, sino por el de los demás. Sonrío al pensar cuánto las admiro y las respeto, y trato de emularlas. Me sumo a su hermandad del corazón.

Querido Dios: Gracias por bendecirme con
un maravilloso círculo de amistades que me ama

y que ha compartido conmigo gran parte de
su vida. Ayúdame a nunca darlos por sentado,
a valorarlos más cada día. Bendice nuestras
relaciones y ayúdame a sumarlas al círculo de mis
nuevos amigos, para que puedan enriquecerse y
bendecirse también. Amén.

El poder de la paz surge del interior

Si existe luz en el alma, habrá belleza en la persona. Si hay belleza en la persona, habrá armonía en la casa. Si hay armonía en la casa, habrá orden en la nación. Si hay orden en la nación, habrá paz en el mundo.

—*Proverbio chino*

Amo ese viejo proverbio chino porque conecta directamente lo que ocurre en nuestro corazón con lo que ocurre en nuestro hogar, en nuestro país y en el mundo... Lo que yace dentro de nosotros es lo que volcamos en nuestras relaciones, nuestro lugar de trabajo, nuestra comunidad, nuestra cultura. Si hay ira en nosotros, afectamos a nuestra familia. Si hay violencia en nuestro corazón y en nuestra mente, hacemos daño a los demás. Y así hasta el infinito.

Comencemos hoy, y eso significa comenzar desde nuestro interior. Piensa en la importancia de tener luz en tu alma, como dice el proverbio. Lo que piensas, la forma en que hablas, en que ejerces la paternidad, en que te conduces en el trabajo... todo está conectado.

Una vez, una amiga le pidió a su cura que bendijera

mi casa y mi familia. Este, que se había mudado a Los Ángeles desde la India, pasando antes por Filipinas, vino a casa y rezó con nosotros. Habló sobre la paz en nuestro corazón y sobre cómo esta nos ayuda a crear un hogar donde vivir en paz. Habló sobre cómo todo está conectado y todos estamos conectados. "Creen un hogar de paz, un hogar bendito", nos dijo. "Conviértanlo en su prioridad. No importa cuán grande o cuán pequeña sea su casa: siempre debe ser un lugar de paz para ustedes y su familia. De ese modo, cuando salgan de ella, saldrán de un lugar de paz hacia el mundo".

Es cierto. Vivimos tiempos cambiantes y desafiantes. Estamos constantemente bombardeados con historias de violencia. Muchos estadounidenses viven con miedo, en barrios peligrosos. Como país, podemos lograr más, pero rara vez lo hacemos.

¿Qué podemos hacer cada uno de nosotros para crear un entorno más pacífico? Como sugiere el proverbio, podemos bendecir nuestra casa: el hogar dentro de nosotros, el hogar donde vivimos y el hogar que representa nuestra comunidad.

Para alcanzar paz en el mundo, es necesario que los líderes globales se pongan de acuerdo, pero la paz en nuestro corazón puede empezar hoy, justo ahora. Parece poca cosa, pero tiene grandes implicaciones. Bendigamos nuestro corazón y nuestra casa. Desafiemos lo que existe e imaginemos lo que pudiera ser: un planeta más pacífico para todos. Hoy meditaré al respecto.

Querido Dios: Me sorprende la grandeza y la majestuosidad de todo lo que has creado. Gracias

por la forma en que la naturaleza me habla
sobre tu poder sin límites. Gracias por la belleza
de las flores, los atardeceres, los océanos y las
montañas. Gracias por la paz en mi propia casa.
Amén.

El poder de la gratitud

La gratitud es una semilla que florece en las almas nobles.

—*Papa Francisco*

Creo firmemente en el poder de la gratitud, y la evidencia científica lo respalda. Está comprobado que intentar a diario, conscientemente, ser agradecido te trae felicidad y esperanza. Existen algunos afortunados a quienes la gratitud se les da naturalmente. Es como si hubieran nacido felices, optimistas y agradecidos. Sin embargo, la mayor parte de nosotros debe trabajar para tener una actitud mental positiva. He descubierto que la mejor forma de lograrlo es practicar diariamente la gratitud.

Así que todas las mañanas, en cuanto despierto y antes de que mis pies toquen el suelo, doy gracias a Dios por el milagro de mi vida. Le doy gracias por mi salud, por mi familia, por mis amigos y por el país en el que tengo la fortuna de vivir. He descubierto que, cuando hago eso en las mañanas, tengo un mejor día y, en consecuencia, una mejor vida.

Busco a las personas que practican la gratitud. Me

encanta hablar y aprender de ellas. Miran el mundo a través de un lente cristalino, son más felices. Ante la adversidad, se recuperan con rapidez. Son conscientes de todo lo bueno en sus vidas.

La realidad es que nunca somos lo suficientemente agradecidos. Así que vale la pena buscar gente que se muestre así y preguntarles cómo logran hacerlo: cuáles son sus prácticas y sus principios, y cómo los ponen en acción. El poder de la gratitud puede convertir un mal día en un buen día, reinicia tu espíritu, te hace mirar la vida de otra forma. Ser agradecido puede cambiar tu día a día, así que comienza a practicar diariamente la gratitud. Escribe todo aquello por lo que te sientes agradecido, reflexiona sobre lo que escribiste y lleva la gratitud contigo todo el día. Hará cambiar el mundo.

Querido Dios: Gracias por todas las ocasiones en que he sido bendecida por la generosidad de los demás. Me has rodeado de gente que cuida de mí y me bendice a diario con sus dulces palabras y sus acciones. Ayúdame a responder con el mismo cariño. Ayúdame a saber cuánto los aprecio, de modo que pueda atesorarlos como un regalo de ti hacia mí. Amén.

El poder del pensamiento positivo

> Cuando algo no te gusta, cámbialo. Si no puedes cambiarlo, cambia la forma en que piensas al respecto.
>
> —*Maya Angelou*

Paso mucho tiempo pensando. Pienso en todo: en lo que leo, en lo que escucho, en lo que ocurre a nuestro alrededor, en lo que mis padres me enseñaron, en lo que mis hijos dicen y en lo que callan. Pienso en todo. Y sí, algunas veces pienso de más.

Últimamente he intentado algo nuevo. Cuando me asaltan pensamientos negativos, en vez de solo pensar en ellos (o quedarme rumiándolos e incluso obsesionarme con ellos), pienso en cómo convertirlos en algo positivo. Como dice Maya Angelou, en cambiar lo que pienso con relación a ellos. Ello requiere tomar conciencia de que estoy rumiando y obsesionándome con una idea y hacer un esfuerzo consciente por alejarme de ella. Cuando me doy cuenta de que un pensamiento introduce un ruido negativo en mi cabeza, lo freno de inmediato y lo redirijo hacia un pensamiento positivo, con certeza y claridad.

Prueba a hacer lo mismo. Por ejemplo, si debes tomar una decisión inminente, puedes sorprenderte diciéndote: "¡No sé qué hacer! ¡Estoy confundido!", y quedarte paralizado en ese pensamiento. No obstante, en el momento en el que te des cuenta de lo que estás haciendo, invierte los términos y di: "No es verdad. Soy inteligente. Sé lo que estoy haciendo. Sí, tengo que tomar una decisión, pero he tomado muchas buenas decisiones en mi vida y lo haré nuevamente". O, si estás pensando: "Me voy a venir abajo cuando mi hijo menor se gradúe" (¡oh, Dios!), dale la vuelta y di: "Voy a estar perfectamente bien cuando mi hijo menor se gradúe. Lo he preparado bien. Él está emocionado de seguir adelante con su vida y yo también siento emoción por esta nueva etapa". (Eso, de hecho, me lo dije a mí misma y funcionó). El primer pensamiento te sitúa en un lugar de duda, el segundo te confiere una posición de poder.

Mantener tu mente en la negatividad te aleja de la realidad de tu vida y te roba la intuición. Un pensamiento negativo te confiere una mentalidad negativa y una visión negativa de tu vida. También hace que el miedo y la ansiedad te paralicen. Todo ese daño te lo infieres a ti mismo con tus pensamientos.

La mente puede ser el aliado más poderoso, o un terrible oponente. Los atletas lo saben bien y han aprendido ejercicios para fortalecer la mente. Los entrenadores saben que la fortaleza mental es tan importante como —a veces, incluso, más importante que— la fuerza física. Así como ejercitas tu cuerpo, debes ejercitar tu mente para que actúe en tu favor y no en tu contra. Necesitas entrenar para los momentos de derrota o decepción. Tienes que hacer tus repeticiones, tantas veces como sea necesario.

De modo que haz lo mismo que los atletas cuando pierden: reajusta, cambia el enfoque, reconfigura la mente y, sí, reimagínate y vuelve a entrenar. Debes entrenar más duro cuando la vida te tumba.

Todos debemos aprender a fortalecer nuestra mente. Me gusta pensar en ello como un poder que nos permite elevarnos sobre nuestras propias vidas. La mayor parte de nosotros requiere un esfuerzo mental para elevarse. Tenemos que visualizarnos reponiéndonos de una desilusión, de un fracaso, de una actitud mental negativa.

Sin que importe tu edad, tu ingreso o lo que la vida te haya deparado, tu mente será siempre tu mejor aliada para salir adelante. Y lo cierto es que no tiene nada de egoísta que inviertas tiempo aprendiendo cómo redirigir tus pensamientos. Por el contrario, es algo crucial si quieres vivir empoderado, en tu centro, en tus certezas.

Así que hoy, esta semana, este año, recuérdalo. Piensa en lo que necesitas para ser indestructible. Recuerda la cita de Maya Angelou cuando leas algo sobre ponerte en forma para la primavera o el verano. Recuerda que, si bien es maravilloso estar en forma, es igual de necesario fortalecer la mente para cambiar la forma de pensar sobre las cosas.

Aprende a descansar tu mente con la meditación, y a espabilarla a través de la lectura, la escritura, la inspiración que puedas encontrar en la experiencia de otros. Haz que tu mente crezca, practicando ejercicios cerebrales y aprendiendo cosas nuevas. Aprende a invertir los términos para que tu mente actúe a tu favor. Enséñale a decir cosas positivas, a ti y sobre ti (por qué estás aquí y cuán maravilloso eres). Puede sonar absurdo, ¡así me parecía al principio!, pero he comprobado que funciona. Tu mente es un recurso inestimable. Estará contigo el resto de tu vida, y es la mejor compañera que puedas tener. Así que no hay mejor momento que este para ponerla a trabajar a tu favor.

Querido Dios: Han llegado a mi mente muchos pensamientos negativos, críticas y mentiras sobre mí y mis circunstancias. Ayúdame a aprender a silenciar esas voces. Ayúdame a responder a las mentiras y la negatividad con la verdad, y a colmar mi mente de todo lo bueno y bello que hay a mi alrededor. Amén.

El poder de la mente

La mente lo es todo. Te conviertes en lo que piensas.

—*Buda*

Cuando era niña, mi madre siempre me decía que no me preocupara por mi físico, sino por mi mente. "Tus atributos físicos se irán, pero tu mente te sacará adelante", me decía. Desafortunadamente, no es así para todos, por lo que ahora mi mente se ocupa de la enfermedad que les roba la mente a millones de personas: el Alzheimer. Mi propia mente me tiene buscando la causa por la cual cada sesenta y seis segundos un nuevo cerebro desarrolla Alzheimer, y dos tercios de ellos pertenecen a mujeres.

¿Por qué esa enfermedad afecta a las mujeres tan desproporcionadamente? Hasta ahora, nadie ha podido decirme. De hecho, he escuchado otra estadística inquietante: se necesitarían cuarenta y tres estadios de fútbol para juntar a todas las mujeres estadounidenses que actualmente están enfermas de Alzheimer. ¿Cómo tu mente asimila esa imagen?

De modo que mi mente busca una cura para el

Alzheimer. También está enfocada en vivir de un modo en que, según los médicos, pueda retrasar el desarrollo de esta enfermedad: haciendo ejercicio, meditando, durmiendo lo suficiente y comiendo bien. Tengo cuatro hijos y quiero vivir lo suficiente para ver a sus hijos. Quiero poder recordar los nombres de mis hijos y de sus hijos porque mi padre no pudo hacerlo. Es terrible estar sentado frente a un padre que padece de Alzheimer y que no tiene la menor idea de quién es uno o, peor, de quién es él mismo. Yo he estado ahí y haría cualquier cosa para evitar que otros pasen por eso. Quiero estar sana en cuerpo y mente, y no doy por sentada mi salud, ni física ni mental. Tú tampoco deberías hacerlo.

Querido Dios: Te agradezco el regalo de
mi mente. Es magnífica, hermosa y única.
Es mía y solo mía. Espero poder mostrar mi
agradecimiento y honrarla, cuidando siempre
de ella. Amén.

El poder de las mujeres

Nadie puede hacerte sentir inferior sin tu
consentimiento.

—*Eleanor Roosevelt*

Crecí en una familia de hombres, pero también
tuve una madre formidable que me enseñó a
creer en el poder de las mujeres. Me dijo que yo
podía y debía hacer todo lo que mis hermanos hicieran.
Así que lo hice. Pero poco a poco me fui dando cuenta de
que derribar a los contrincantes en el fútbol americano
no era muy divertido, como tampoco lo era, en el polo
acuático, que lo mantuvieran a uno sumergido hasta no
poder respirar. Y aunque es cierto que me gustaba ir a
juegos de béisbol y fútbol con mis hermanos, pronto me
di cuenta de que no ponía atención a las mismas cosas
que ellos.

Mi madre siempre me dijo: "El mundo es de los hombres y necesitas ser dura para poder competir". Pero
también insistía en que ser mujer era mi mayor ven-
taja. Se refería a menudo al poder de las mujeres y de
la maternidad, y al lugar central que María ocupa en la
Iglesia católica. Y solía señalar a su propia madre como

el mejor ejemplo de fortaleza que hubiera conocido. A pesar de ello, de joven siempre quise ser uno de los chicos; sin embargo, cuando crecí me di cuenta de que mi madre tenía razón.

Durante la época en que fui primera dama de California, tuve el privilegio de conocer a muchas mujeres a quienes probablemente no habría conocido de otra manera, y me sentí inspirada y conmovida por todas. Organicé el que se convirtió en el mayor congreso de mujeres que se había celebrado en el país. En nuestro encuentro anual se reunieron treinta mil mujeres de todos los ámbitos sociales para aprender, crecer, compartir y empoderarse. Cada año que se celebró, resultó un evento transformador y me enseñó que mi madre estaba en lo correcto. Vi de cerca la fortaleza, valentía, resiliencia, inteligencia y determinación femeninas. Esas mujeres me enseñaron que, cuando se les presta atención, se les escucha y se les valida, las mujeres pueden hacer lo que sea.

Hoy disfruto ser una mujer. Me encanta la energía que reflejo. Me gusta ser diferente a los hombres y trabajar desde mi feminidad y mi fuerza. A lo largo de mi vida, el poder de las mujeres ha crecido, y a lo largo de la vida de mis hijos seguirá creciendo todavía más. Debemos recordar que ser mujer no es una debilidad. Es un recurso. Y, como todo recurso, debemos invertir en él, cuidarlo, reconocer su carácter preciado y cultivarlo para el futuro.

A diferencia de mi madre, yo no les digo a mis hijas, Katherine y Christina, que este es un mundo de hombres. Les digo que el mundo es de todos. Todos traemos algo único a la mesa. Y, cuando las mujeres nos sentamos a ella, no me cabe la menor duda de que se vuelve una mesa más compasiva, cariñosa y colaboradora. Si eres mujer, nunca dudes de que perteneces a la mesa. Nunca dudes de tu aporte. Y nunca te olvides de separar un asiento para alguien más.

> *Querido Dios:* Gracias por los buenos momentos que viví en mi juventud, y por las mujeres que me ayudaron a moldear mi vida. Por favor, bendice a cada una de ellas por haber influido en mí. Ayúdame a vivir su sabiduría y su fortaleza. Ayúdame a continuar abrazando tu plan para mi vida y a avanzar en la vida que divisaste para mí. Amén.

El poder de la presencia

No miremos hacia atrás con enojo, ni hacia
adelante con miedo; miremos a nuestro
alrededor siendo conscientes de ello.

—*James Thurber*

Soy consciente de que mi familia está cambiando.
Ha sido duro para mí ver a Christopher, mi hijo
más joven, terminar la escuela y prepararse para ir
a la universidad. Sí, estoy muy orgullosa de él y feliz de
que esté tan emocionado por embarcarse en la próxima
aventura, pero ha sido agridulce para mí. Es el más joven
de los cuatro y su partida es el final de una era en mi
vida.

Durante años, mi vida giró en torno a las vidas de mis
hijos, Katherine, Christina, Patrick y Christopher. Mis
días se han llenado con viajes a la escuela temprano en
la mañana y por la tarde, horarios de tareas, cenas familiares, y carreras a Staples para comprar útiles escolares.
Mi agenda ha estado atestada de juegos de fútbol, reci-
tales de baile, juntas con los maestros, fiestas de cumpleaños y juegos de básquetbol. Mis fines de semana han
sido alegres porque mis hijos y sus amigos muchas veces

se han reunido en casa para hacer la tarea, jugar, reír y socializar. Lo he disfrutado todo.

Conforme este capítulo en mi vida se cierra, quiero estar increíblemente presente en la última semana de eventos escolares de mi hijo más joven. El baile, las reuniones de los muchachos de último año, las despedidas de todos los padres e hijos con quienes compartí tanto. No quiero perderme nada. Quiero asimilarlo todo. Quiero estar presente, realmente presente, tanto por mi hijo como por mí. Estar en el momento presente requiere enfoque, por lo menos para mí. Muchas veces me descubro rumiando el futuro o el pasado, así que requiere un esfuerzo consciente hacer que mi mente esté presente, enfocada en el ahora.

Sí, durante la última semana de preparatoria de Christopher también medité sobre cómo se había desarrollado su vida, pero juro que no me perdí nada de lo que pasó esa semana. Cuando lo vi irse a su último baile, pude aceptar con mis propios ojos y mente que ya no es el niño que sostuve en brazos. Ahora es un joven guapísimo, amado y admirado por su corazón, su naturaleza y su magnífico carácter.

Así que he estado presente en cada paso. Sé que lidiaré con el vacío que provocará su partida. Sé que lloraré. Pero también sé que, si estoy muy presente ahora, los recuerdos perdurarán y me reconfortarán en el futuro. Tener una presencia consciente en tu propia vida es algo poderoso. Estar presente es un regalo, tanto para ti como para la persona con quien compartes tus días. Esta ha sido la semana de Christopher. Deséame suerte.

Ah, y compra suficientes Kleenex. Yo ya me acabé cajas enteras.

Querido Dios: La familia es muy gratificante. Ayúdanos a mantener nuestra familia como prioridad por encima de todas las exigencias de la vida, y a crear una atmósfera donde podamos crecer en nuestro amor compartido. Únenos, como querías que fuera, y ayúdanos a disfrutar de nuestra compañía, y a comprendernos. Que la alegría, la risa y la paz colmen nuestro tiempo juntos. Amén.

El poder de la pausa

Date cuenta realmente de que el momento
presente es todo lo que tendrás.

—*Eckhart Tolle*

Aquí estás, sentado, tomando un respiro en tu vida antes de volver a apretar el botón de Adelantar Rápido. Lo entiendo. Soy así. También vivo apretando el botón de Adelantar Rápido. Pero te pido una cosa: antes de presionar ese botón, espero —en realidad, ruego— que tengas el valor de presionar, primero, el de Pausa. Así es, presiona el botón de Pausa. Espero que todos podamos aprender sobre lo que llamo "el poder de la pausa".

En esta época en que vivimos en una aceleración demencial, te reto a que hagas lo contrario. Te reto a que pares. Pausar te permitirá adoptar un ritmo, darle un respiro a tu vida. Deseo que todos aprendamos a parar, sobre todo ahora, porque, si bien creo que hemos perdido el control de nuestra comunicación, también creo que "el poder de la pausa" nos ofrece la oportunidad de arreglarlo. Todos tenemos el poder de cambiar la forma en que, como nación y como sociedad, nos hablamos unos a otros. Podemos mejorar nuestro discurso nacional: lo que leemos en línea y en los periódicos y revistas, lo que vemos en la televisión, lo que escuchamos en la radio. Tenemos el poder de cambiarlo.

Espero que te atrevas a llevar el cambio a tu comunidad, poniendo pausa y cambiando el canal de comunicación. Pon pausa... y cambia la crítica y el enjuiciamiento por comprensión y compasión. Pon pausa... y cambia el rechazo y los insultos por aceptación y apreciación. Pon pausa... y cambia los gritos por la conversación. Edmund Hillary dijo una vez: "No conquistamos la montaña, sino a nosotros mismos". Así que salgamos a lo que yo llamo "el campo abierto". Paremos... y, luego, ¡sigamos adelante!

Pon PAUSA... y tómate el tiempo necesario para descubrir qué es importante para ti, y hazlo tuyo. Descubre lo que amas, lo que es real y verdadero para ti, y se convertirán en las cosas que más influyen en tu trabajo, tu hogar y tu vida.

Pon PAUSA... antes de decir o compartir algo que "escuchaste", pero que no sabes si es totalmente cierto; algo que no corroboraste, no con una fuente, sino con dos, como me enseñaron a hacer en periodismo. Y asegúrate de que sean fuentes confiables y no dos fuentes que "escucharon" lo mismo que tú. Una mentira no se convierte en verdad solo porque más de una persona la haya escuchado.

Así que pon PAUSA... antes de esparcir un rumor como si fuera un hecho. Que lo hayas leído o visto en la televisión o en una página web —no importa cuántas veces— no significa que sea verdad. No transmitas basura solo por querer ser el primero en decirlo. No hay gloria en ser el primero cuando se trata de basura.

Pon PAUSA... antes de hacer clic en Enviar y mandar una foto que podría arruinar la vida de alguien, o antes de escribir algo desagradable en el muro de una persona porque crees que es gracioso o ingenioso. Créeme, no lo es.

Pon PAUSA... antes de emitir juicios sobre las decisiones personales o profesionales de alguien. Pon PAUSA... antes de menospreciar la apariencia física de alguien, su identidad sexual o su capacidad intelectual. Pon PAUSA... antes de compartir los chismes provocadores y falsos que han hecho tan difícil para algunos candidatos a servidores públicos, y sus familias, poder asumir el liderazgo.

A veces, cuando hacemos una pausa nos damos cuenta de que necesitamos detenernos antes de actuar impulsivamente, ya sea por ego o para hacernos sentir bien, mejores, más grandes, "más listos" o más "informados". Hacer una pausa nos da el poder de cambiar de dirección... y ese poder viene acompañado de responsabilidad. Así que recuerda detenerte antes de firmar con alguien o con alguna organización cuyo trabajo no admiras ni respetas. Es tan importante para quién trabajas como lo que haces.

Yo no inventé esta idea de parar todo y poner pausa. Henry David Thoreau tomó un respiro y se fue a Walden Pond. Anne Morrow Lindbergh se fue al mar. Buda, Gandhi, Santa Teresa de Calcuta y muchos otros grandes y sabios se han detenido y retirado de sus vidas activas para realizar un viaje al interior de ellos mismos. La sabiduría que adquirieron y luego compartieron ha transformado el mundo.

Detente y siente tu fuerza y tu vulnerabilidad. Reconoce tu bondad y no le temas. Examina tu lado oscuro y trabaja para comprenderlo, así tendrás el poder de decidir en qué persona te convertirás. Mujeres, descubran su fortaleza y su delicadeza. Ustedes pueden, y deben, dejar espacio suficiente en su vida para ambas. El mundo necesita de las dos. Hombres, encuentren su ternura y añádansela a su masculinidad. Ustedes también pueden hacer espacio para ambas. Es lo que hacen los grandes hombres.

Ruego que seas capaz de detenerte y pasar tiempo contigo mismo para agradecer el viaje que te ha traído hasta aquí. Expresa tu gratitud a todos los que lo han hecho posible. Pon pausa y agradece todo el amor que tienes en tu vida y todo el amor que has tenido. En tu marcha hacia el terreno de la vida, mantén abiertos tu mente y tu corazón. No temas sentir miedo. Los valientes sienten miedo muchas veces. De hecho, ¡por eso es que necesitan el valor! Ten el valor de sobrepasar tus miedos. Ten el valor de ir más allá de los juicios, las reglas y las expectativas ajenas. Ten el valor de ir más allá de lo que debería pasar, podría pasar o pasará. Vive y escribe tu propia historia, y luego sé lo suficientemente valiente para comunicarla con honestidad. Confía en mí, otros se sentirán inspirados y aprenderán de ello. Por último, recuerda esto: Cuando dudes, pon Pausa. Tómate un momento. Visualiza tus opciones. Revisa tus intenciones. Y, luego, sigue tu camino.

Querido Dios: Necesito reducir la velocidad con que vivo mi vida para poder ver, realmente, a la gente que me acompaña en el camino. Ayúdame a ser consciente de su existencia para poder mirar en sus ojos y conectarme con la persona que está justo frente a mí. Amén.

El poder de escuchar

Cuando las personas hablen, escucha con
atención. La mayoría de las personas no
escucha.

—*Ernest Hemingway*

Hoy es un nuevo día. Espero que todos tomemos un momento para hacer pausa, respirar hondo y seguir adelante con el conocimiento de que este momento es todo lo que tenemos. Últimamente, tengo más preguntas que respuestas sobre lo que le está sucediendo a nuestro país. Decidí que quería pasar mi semana escuchando: escuchando a amigos, escuchando a extraños, escuchándome a mí misma. Y así lo hice. Escuché a un amigo decir que el hombre que le corta el cabello está molesto porque muy pocas personas comprenden su experiencia como joven negro en Estados Unidos de América. Mi amigo quedó impactado al darse cuenta de lo que hervía bajo la hermosa fachada de este hombre a quien creía conocer tan bien. Escuché a otra amiga hablar sobre la soledad, la ansiedad y la presión de ser la proveedora y cuidadora de una enorme familia política. No tenía idea. Escuché a otro hablar tranquilamente sobre lo difícil que es crecer en una sociedad que solo parece valorar la juventud. Escuché a otro despotricar en contra de la política y gritar a causa de la falta de líderes y de liderazgo, y de la apatía generalizada.

Escuché, y no te cuento ni la mitad de lo que oí. Si lo hiciera, te tomaría una semana terminar de leerlo. Dondequiera que miramos, nos inundan noticias e informaciones negativas. Estamos divididos y segregados por el lenguaje, la edad, el color, el género, la política, el código postal, la tecnología, los medios y el nivel socioeconómico. Sin embargo, todos buscamos conectarnos a través de una experiencia común que podamos compartir. Una experiencia donde escuchemos a otra persona decir: "Te escucho", "Comprendo", "A mí también", "No estás solo". Lo he aprendido escuchando, mientras me dedico a la maternidad, al periodismo y al trabajo con mujeres y familias que luchan con el Alzheimer. Cuando escucho a una persona que amo, o a cualquier conocido, por tiempo suficiente, siempre encuentro similitudes. Siempre me despido pensando: "Somos más parecidos de lo que creemos. Si tan solo pudiéramos dejar caer nuestras fachadas y compartir nuestra verdad".

Esa semana que pasé escuchando, también me escuché a mí misma y compartí lo que aprendí sobre mí. No es algo que realice a menudo. Comprendí que, muchas veces, también me siento desconectada, asustada o ansiosa, y a veces también me siento sola en mi experiencia de vida. Sé que mi experiencia de vida no se compara con la del joven negro que le corta el cabello a mi amigo, o con la de ninguna persona de piel negra. Quiero y necesito comprender mejor esa profunda división.

Comprendo que mi experiencia de vida no se parece tampoco a la de un hombre blanco, una mujer latina o una persona transgénero. Necesito y quiero comprender mejor cómo son en realidad sus vidas. De hecho, mi propia experiencia de vida es distinta a la de todos los demás. Y, ¿sabes qué?, también la tuya. Pero lo que todos compartimos, me parece, es el deseo de ser comprendidos, de ser vistos, de ser relevantes y de pertenecer, por nosotros mismos y no por la familia, la religión, la raza, el grupo al que pertenecemos o la persona con quien nos casamos. Todos compartimos una experiencia común en nuestra humanidad. Todos queremos que alguien nos escuche, que preste atención a quienes somos realmente, a lo que sentimos y lo que nos asusta.

Sé que es difícil hacer una pausa en nuestra vida cotidiana para guardar silencio y escuchar con atención. Sé que es difícil escuchar el dolor, la frustración, la ira y la soledad de otras personas, sin internalizarlos o permitir que nuestros juicios nos saquen lo peor. Pero, cuando escuchas profundamente, te das cuenta de que, aunque nuestras experiencias sean distintas, nuestros corazones y deseos no lo son.

Eso mismo sucede a una escala más grande. En estos tiempos, en este momento, creo que todos queremos líderes que nos unan. No solo con palabras, sino con experiencias y acciones. Queremos líderes que escuchen, que sean lo suficientemente valientes como para compartir con nosotros quiénes realmente son, de modo que podamos atisbar su propia humanidad, sus conflictos y sus miedos. Ese es el principio de la conexión y la confianza. En estos tiempos, en nuestro país y en nuestro mundo lo que queremos y necesitamos es que los líderes nos pidan que utilicemos nuestra grandeza individual. Podemos hacerlo. Todos nosotros podemos dar un paso adelante y ofrecer nuestra mejor versión al mundo: en nuestros hogares, en nuestras escuelas, en nuestras comunidades. Imaginemos otra forma de hacer las cosas. Imagina que nos comprometemos a escuchar con mentes y corazones abiertos para encontrar el hilo común en la trama. Imagínalo. Tal vez empezaríamos a escuchar algunas respuestas. Y es posible que no vengan de un podio o de una computadora. Quizá estén justo dentro de ti. Escucha.

Querido Dios: Te pido que siempre tenga buenos amigos a mi alrededor, y que tengamos influencia, nos apoyemos y nos inspiremos los unos en los otros, para ser lo mejor que podamos ser. Te pido amigos que hablen con la verdad, por amor a mí, que me den buenos consejos cuando los necesite y me ayuden en los momentos difíciles. Ayúdame a ser esa clase de amiga para ellos también. Amén.

El poder de la empatía

Las cosas mejores y más hermosas en el
mundo no se pueden ver ni tocar: se deben
sentir con el corazón.

—*Hellen Keller*

La empatía es un sentimiento. Es diferente de la simpatía, la tolerancia e, incluso, la compasión. La empatía es la capacidad de compartir los sentimientos de alguien más, de comprender las experiencias de otra persona. En pocas palabras, es la capacidad de caminar en los zapatos de otros. Puede ser difícil.

Recuerdo que una vez, hace muchos años, mientras caminaba con mi hijo en un centro comercial al aire libre, vimos a una mujer que leía la suerte por cinco dólares. Intentaba convencerte diciéndote que te diría quién eras y cómo sería tu vida a partir de los residuos de café en tu taza. A mí me encantan esas cosas, así que nos detuvimos. Mi hijo se sentó, sumergió en un tazón la taza que la mujer le dio, y la volteó sobre un plato, revelando los residuos. Esperó. La mujer miró el patrón que formaban los residuos de café, luego miró a mi hijo y dijo: "¡Caramba! ¡Eres empático! ¿Sabes lo que eso significa?".

Él dijo: "Creo que sí". Ella le respondió: "Significa que tienes la capacidad de comprender la vida de otras personas". Yo estaba sorprendida, era verdad. Siguió diciéndole: "Con tu empatía ayudarás y curarás a las personas en el mundo". Y le regaló una amplia sonrisa. Recuerdo lo orgulloso que estaba mi hijo al escuchar que tenía esa cualidad.

Algunas personas, como mi hijo, nacen con el don de la empatía. Otros aprendemos de nuestros padres, hijos, maestros o cualquier alma paciente y amorosa que entre en nuestra vida. La buena noticia es que podemos desarrollar la empatía, y nuestro mundo la necesita más que nunca. Creo que la gran mayoría de la gente es buena y quiere vivir en un mundo más amoroso y compasivo. El camino hacia ese mundo comienza en la empatía. Y, dado que somos más diversos y estamos más conectados globalmente que nunca, la empatía es más necesaria que nunca.

Sé que muchos consideran que esa visión está fuera de nuestro alcance. Me dicen que la cruda idea de "nosotros contra ellos", y la demonización de las personas que no son iguales a uno, dominarán sobre cualquier sentimiento de camaradería hacia los demás. No estoy de acuerdo. Creo que para crear un mundo más amoroso, compasivo y pacífico debemos empezar comprendiendo las experiencias de los Demás, valorando nuestras diferencias y aceptando que las personas no tienen que ser/verse/vivir exactamente como uno para ser valiosas.

He descubierto que una de las mejores formas de comprender a aquellos cuya vida es muy distinta a la mía es ayudándolos. En mi trabajo contra la enfermedad de

Alzheimer, cuando he sido voluntaria en Special Olympics y Best Buddies, y cuando he ayudado en mi iglesia, me he sentido satisfecha y conectada, y he sentido que comprendo a otras personas como no hubiera podido hacerlo de otro modo. He descubierto que, cuando alguien siente empatía por mí y por mis experiencias de vida, me tranquiliza y me anima a dar el mismo regalo a otros, que también se sentirán animados a hacerlo, y así sucesivamente. De modo que, hoy, piensa en las veces que recibiste la empatía de otros y comprende que ese regalo reside en tu interior en espera de que lo entregues a otra persona.

Querido Dios: Por favor, dame el regalo de la empatía, permíteme comprender las experiencias de vida de otras personas. Ayúdame a escuchar esas experiencias sin juicios. Calma mi corazón para que pueda sentir el corazón de los demás. Amén.

El poder de soltar

Algunas personas creen que aferrarse y
aguantar son muestras de fortaleza. Sin
embargo, hay ocasiones en que se requiere
mucha más fuerza para saber cuándo hay
que dejar ir, y hacerlo.

—*Ann Landers*

He estado pensando mucho últimamente sobre la
idea de dejar ir, sobre lo fácil que es decirlo y
lo difícil que es hacerlo en realidad. Es difícil
soltar cosas, apegos, creencias que ya no te sirven, viejas
historias que te cuentas a ti mismo, personas, maneras
de vivir. Y es particularmente difícil dejar ir a los hijos.
Veo gran ironía en el hecho de que la paternidad te exija
darlo todo, ser todo, todo el tiempo —dar amor incondicionalmente, estar siempre presente—, y después te
exija dejar ir. ¡De una vez! Así, sin más, se espera que
dejes ir. ¡Y que estés feliz de hacerlo!

Supongo que es el ciclo de la vida. Das todo lo que
tienes para que tus hijos se sientan amados, seguros
e independientes, lo suficientemente independientes
como para irse (casi dije "abandonarte") y vivir sus pro-

pias vidas. Y tú, como padre, se supone que debes aceptarlo y despedirlos con una gran sonrisa en el rostro, sabiendo que hiciste lo correcto.

¡¿Qué diablos?!

Soltar es difícil para mí. Lo estoy haciendo, pero admito que no me gusta. No, no me gusta nada. Es lo que siento. Hace algún tiempo fui a Bed Bath & Beyond en tres ocasiones en una misma semana. (Tenía cuatro hijos mudándose: a dormitorios universitarios, fuera de los dormitorios universitarios, a un departamento, fuera de un departamento; mudándose, mudándose, mudándose). Había ido tantas veces que el gerente me saludaba alegremente con bromas como: "¿Es todo? ¿Esta es la última vez?". Sonreí, pero se me llenaron los ojos de lágrimas. Mi hija volteó los ojos y me dijo: "¡Relájate!". (Debes saber que odio que me digan que me relaje). También me dijo: "¡Alégrate por nosotros!". A diario me decía que no se trataba de mí, sino de permitir que mis hijos hicieran lo suyo. De soltar. Me dijo: "¡Todo está pasando como debe ser!". Pero a veces no me gusta cómo deben ser las cosas. Por eso necesité una infusión de valentía para poder seguir adelante. Así, cuando vi a mi hijo más joven graduarse de preparatoria y cruzar el escenario hacia la adultez, reconocí ante mí misma que ya era tiempo de dejarlo ir. Sabía que no tenía elección. *Déjalo ir, Maria*, me dije. *Suelta*. Ja.

Bueno, la verdad es que sé que puedo hacerlo y lo haré. Tengo fe. Fe en mí y en mis hijos. Sé que esta nueva etapa en mi vida será más abierta y espontánea. Me asusta y me emociona al mismo tiempo. Los días ya no girarán en torno a los horarios escolares. Serán míos para imaginar y crear. Eso también significa que no podré seguir ocultándome detrás de mis hijos y decir que "No puedo ir" o "No puedo hacer eso" por mis obligaciones como madre. Simplemente tendré que soltar. No hay otra opción.

Por supuesto, una vez leí que alguien dijo: "¡Todo lo que suelto tiene las marcas de mis garras!". Aunque, claro, ahora soy libre. Está bien, está bien, estoy lista. Porque lo cierto es que *SOLTAR* también significa *SEGUIR*. (¡Por favor, recuérdame que dije eso!).

Querido Dios: Me cuesta trabajo soltar porque quiero aferrarme y tener control. Me hace sentir segura. Ayúdame a darme cuenta de que estoy segura, incluso cuando dejo ir una forma de vida y permito que las cosas se desarrollen de nuevas maneras, como debe ser. Amén.

El poder de dar gracias

> Si la única palabra que mencionas en tus
> plegarias es gracias, será suficiente.
>
> —*Meister Eckhart*

Siempre me han gustado los antiguos buenos modales. Me criaron así y les taladré los mismos mantras a mis hijos: Siempre di "Por favor" y "Gracias". Levántate cuando un adulto entra en la habitación. Abre la puerta para que otra persona pase. No uses el teléfono en la mesa. Siempre preséntate y, si andas con amigos, preséntalos también. Mira a las personas a los ojos cuando les hables. Agradece a los anfitriones cuando vayas a una fiesta. Lleva un regalo cuando vayas a casa de alguien: una vela, flores, ¿quizás este libro? Y, siempre, siempre escribe a mano una nota de agradecimiento. Me encantan las cartas de agradecimiento escritas a mano. De hecho, nunca he contratado a nadie que no me haya escrito una nota de agradecimiento a mano después de nuestra primera entrevista. Los modales nunca pasan de moda y dar las gracias nunca está de más.

He estado pensando mucho últimamente sobre el poder de dar gracias. Esa pequeña palabra tiene un gran efecto. Hoy me lo recuerdo a mí misma. Hay muchas personas a las que podríamos darles las gracias diariamente, pero estamos tan ocupados que lo olvidamos. A menudo me paso el día corriendo y no me detengo a agradecer a las personas que me ayudan, aquellos con quienes tengo la fortuna de trabajar o que me ayudan en casa; los padres de los compañeros más cercanos de mis hijos, que me han ayudado de tantas formas durante tantos años; los amigos que levantan el teléfono para decir "¡Hola!"; mis hermanos y mis cuñadas, mis primos, sobrinos y, por supuesto, mis hijos. La lista es larga.

He notado que, cuando alguien me agradece por algo, me conmueve, me hace sonreír y ser feliz. Lo noto cada vez que la novia de mi hijo me escribe una nota de agradecimiento. Siempre me deja una gran impresión. Lo noto cuando los amigos de mis hijos me agradecen el haber hecho algo por ellos, o cuando mi hija me agradece por llevarla a un concierto, regalándome ¡una caja de donas! O cuando mi otra hija me envía información sobre los suplementos que debería tomar (pero no tomo). O cuando mi hijo más pequeño me pregunta por mi día, y el más grande me trae un café sin que se lo pida. O cuando mis hermanos o mis amigos me incluyen en sus viajes, sola o con mis hijos. Siento que las cosas pequeñas pueden hacer una gran diferencia: una nota, una tarjeta, un café, una llamada, una invitación, un correo electrónico amable, todo cuenta. Gracias.

Expresar gratitud, decir gracias, es algo poderoso. Significa que ves a la otra persona, que notas quién es y lo que hace. Le dice a esa persona: "Quiero que sepas que me importas". Pesa mucho. Es señal de modales, pero también es señal de cariño. Así, a Dios, a mi familia, a mis amigos: Gracias. Gracias por estar ahí para mí, ayer, hoy y siempre. Y un agradecimiento especial para mis hijos, por la alegría y el amor que trajeron a mi vida y por la oportunidad que me dieron de ser su madre.

P.D. ¡No se olviden de escribir esas notas de agradecimiento!

Querido Dios: Te lo agradezco. Estoy agradecida de que me inspires a celebrar mi vida con la gente maravillosa que me has puesto cerca. Gracias por las muchas veces en que me has bendecido, respondiendo a mis oraciones. Que nunca olvide tu inmensa bondad. Amén.

El poder de la maternidad

No hay nada en este mundo como el amor
de una madre por su hijo. No sabe de leyes
ni de piedad. Se atreve a todo y aplasta sin
remordimiento todo lo que se interpone en
su camino.

—Agatha Christie

A veces me detengo, respiro hondo y reflexiono
sobre la grandeza de la maternidad. Así es, la
grandeza, porque es el trabajo más grande, poderoso y exhaustivo del mundo. Me siento bendecida,
humilde y honrada de ser la madre de Katherine, Christina, Patrick y Christopher. Pero lo cierto es que tenía
miedo de ser mamá. Me crio una madre formidable, y
estaba segura de que no iba a poder ser como ella. Temía
equivocarme, no saber qué hacer, no hacerlo bien, cometer errores. Pero me he dado cuenta de que todas somos
madres diferentes, y he llegado a confiar en la manera en
que hago este trabajo.

Conozco a mis hijos y sé que en sus corazones saben
que los amo profundamente. Saben que son y siem-

pre han sido mi prioridad, mi alegría, el propósito más grande de mi vida. Saben que he cometido errores. Dicen que he cambiado como madre en mi trato con cada uno, que he criado a los varones de forma diferente a como he criado a las hembras. Las niñas dicen que he sido mucho más estricta con ellas. Los niños dicen que he gastado más dinero con las niñas. Y, en parte, todos tienen razón. (De cierta manera). Pero, aun con mis errores, sé que me han amado en cada momento. Y me han enseñado mucho. Me han enseñado a amar tiernamente, a cuidar y a cultivar la paciencia, la bondad y la aceptación. Me han devuelto la idea del juego y la diversión. Me han ayudado a conservar mi sentido del humor y mi espíritu aventurero. Sí, he viajado con ellos por el mundo, pero los viajes más valiosos han sido los que me han llevado a las profundidades de sus pensamientos, sus esperanzas, sus sueños y sus miedos.

Se lo agradezco a mi madre, que celebra en el Cielo con su propia madre y que me enseñó tanto sobre la maternidad. Aprendí que no había que temerles a las cosas que creí no poder hacer. Lo más importante que podía y pude hacer fue amar, abierta e incondicionalmente. Nada más importa en realidad, ni los pendientes, ni las actividades, ni las clases que organicé, ni los viajes que hice al centro comercial, ni las juntas con los maestros, ni la playa, ni el campo de fútbol. Creo que, al final del día, es el tiempo que pasamos dándonos amor lo que nuestros hijos recuerdan mejor: las cenas divertidas, los juegos de Uno, las caminatas y las charlas. Es lo que he aprendido. Es el amor. Ser madre es amor.

Querido Dios: Gracias por el regalo de ser madre. Sé que mis hijos son una bendición de tu parte. Te pido que continúe recibiendo tu guía, paciencia y sabiduría mientras apoyo a mis hijos en sus caminos individuales. Por favor, guíalos también y cuídalos cuando enfrenten los inevitables contratiempos de la vida. Amén.

El poder de la risa

Un día recordaremos todo esto y nos vamos
a reír.

—Muchas personas, a lo largo de los años

No hay nada como la risa para darle un giro a tu día. ¿Tienes gente en tu vida que te hace reír? ¿Te puedes reír de ti mismo? ¿Tratas de que la risa sea parte de tu vida, tanto como el trabajo, la familia y la comida? La vida puede ser complicada, llena de preocupaciones con relación a la carrera, los hijos, los padres, la salud y la economía. La risa es lo mejor que he encontrado para aligerar el ambiente de cualquier situación complicada.

Tengo la suerte de que mis hijos y sus amigos me hacen reír todo el tiempo. Una de mis hijas es especialista en enviarme videos graciosos que aligeran e iluminan mi día, y aun le pido más. Tengo una amiga que escribe los correos más chistosos. Me hacen reír tanto que he creado un fólder especial para guardarlos y poder leerlos una y otra vez. Tengo amigos a quienes puedo llamar y contarles cualquier situación, y siempre encontrarán algo gracioso en ella. Siempre. También hay películas que, sin importar cuántas veces las vea, siempre me hacen reír: *Los caza novias*, *Ligeramente embarazada*, *Damas en guerra*, *Hermanastros*... por ejemplo.

La risa es un regalo que nos damos a nosotros mismos. Asegúrate de incluirla en tu vida, sin importar tu edad o cuánto te duelan las rodillas o la espalda. Reírte de ti mismo ayuda a que te sientas mejor físicamente. El poder de la risa es curativo, rejuvenece, reinicia nuestro espíritu e ilumina nuestra proyección. No lo pierdas.

Querido Dios: Gracias por la alegría que tengo en mi vida. Gracias por el regalo de la risa y por la manera en que aligera mi corazón. Ayúdame a ser una mensajera de alegría para otros, y ayúdame a reírme de mí misma. Amén.

El poder de la fe

No vayas por donde te lleve el camino. Ve, en cambio, por donde no haya camino, y deja un rastro.

—*atribuido a Ralph Waldo Emerson*

Tengo esa frase de Emerson en mi tablón de anuncios y sonrío cada vez que la veo. Sonrío porque me recuerda mi niñez. Cuando era niña, admiraba la fe constante, ferviente, inalterable de mi abuela. Así que, un día, a solas con ella, le pregunté: "¡Abuela! ¿Cómo puedo llegar a tener tu fe?". Me miró inquisitivamente, con la cabeza ladeada, como si acabara de preguntarle una locura, y dijo: "Bueno, Maria, solo tienes que pedírsela a Dios. Solo le pides a Dios que te dé más fe y lo hará. ¡Eso es todo!".

Varias veces en mi vida he tenido que acercarme a mi fe y pedirle más a Dios. Más fe en Dios, más fe en que hay un propósito superior en la vida, más fe en que voy por el camino correcto, más fe en mí misma. Si queremos forjar nuestro propio camino en la vida, si queremos vivir una vida auténtica, necesitamos mucha fe.

Para ser honesta, en varias ocasiones he perdido mi

fe, cuestionándome adónde me dirijo y qué he estado haciendo. Pero, gracias a Dios, parece que siempre encuentro el camino. Por lo general encuentro el camino sentándome en silencio y pidiendo orientación. Cuando lo hago, me calmo y las palabras llegan: "Ten fe, Maria. Ten fe en Dios y en ti misma. Estás exactamente donde debes estar". Tengo fe en que estoy aquí para dejar un rastro, así que sigo caminando. Mi abuela tenía razón: Pide tener fe. Y, si no la obtienes la primera vez, sigue pidiendo.

Querido Dios: Reconozco que soy débil y vulnerable, pero me regocijo en saber que estás de mi lado y que no soy la víctima de nadie. Gracias por ser fuerte en mi vida. Gracias por no permitir que nada, sin importar lo doloroso o poderoso que sea, me separe de tu amor. Sin importar nada más, eso me vuelve victoriosa. Amén.

El poder de la oración y la meditación

Orar es hablar con Dios. Meditar es permitir
que Dios te hable.

—*Yogi Bhajan*

Me enseñaron a rezar, a recitar oraciones sobre Dios, Jesús, María y la vida. En mis oraciones también me disculpaba por cosas que había dicho o hecho. Pedía perdón por haber sido mala con mis hermanos, por no haber ido a misa, por haber robado dulces y por otras cosas. Conforme crecí, mis oraciones cobraron un tono distinto. Rezaba por la salud y la felicidad de mis cuatro hijos. Rezaba por mis amigos. Cuando mi madre estuvo enferma en el hospital, recé para que sobreviviera y, cuando estaba muriendo, recé para que Dios la tomara en sus brazos y cuidara de ella. Cuando mi padre luchaba contra el Alzheimer, recé para que Dios nos ayudara, a él y a nosotros, a sobrellevar la situación. Cuando mi hijo tuvo un accidente, le pedí a Dios que lo salvara y prometí que jamás faltaría a misa de nuevo. (No cumplí esa promesa y tuve que pedir perdón). Más adelante, cuando mi propia vida se deshizo, recé para obtener guía, ayuda y apoyo.

Con el paso del tiempo seguí orando... para tener fe, para pedir perdón, para adquirir sabiduría. Fue mucho más tarde en mi vida que encontré la meditación.

No fue fácil. Como era una pésima estudiante, una amiga me regaló unas sesiones con un maestro de meditación. "Te ayudará", dijo. El maestro se sentó frente a mí durante tres días seguidos, mientras yo me movía nerviosamente, me levantaba y me volvía a sentar, miraba el teléfono, hablaba, caminaba, incluso lloraba. No podía quedarme quieta. No podía sentarme conmigo misma, con mis pensamientos y mi interioridad, con mi caos interior.

Pero seguí haciéndolo porque sabía que lo necesitaba. Sabía que necesitaba escarbar más allá de la superficie para encontrar el silencio y escuchar a Dios hablándome, hablando dentro de mí. Así que seguí intentándolo y eso hizo que cambiara. Ahora medito todos los días. Empiezo mi día en calma, y lo disfruto. Rezo, reflexiono, medito. Pido guía y espero la respuesta. Rezo, reflexiono, medito, y vuelvo a empezar.

Recomiendo la oración y la meditación a todo el que quiera decirle a Dios lo que piensa y siente, pero también al que quiera escuchar lo que Dios trata de decirle, enseñarle y mostrarle. Se lo recomiendo a todo el que quiera convertir su caos interior en paz interior. Amén.

Querido Dios: Que pase tiempo contigo todos los días mientras calmo las preocupaciones y ansias que llenan de ruido mi mente, mi corazón y mi espíritu, para que pueda escuchar tu sabiduría y sentir el amor que me das cada día de mi vida. Amén.

El poder del perdón

El débil no puede perdonar nunca. El perdón
es un atributo de los fuertes.

—*Mahatma Gandhi*

Este es un tema importante, y mi forma de pensar al respecto ha evolucionado. Créeme, si te cuesta perdonar, sé amable contigo mismo. He aprendido que el perdón es un proceso que toma tiempo.

¿Qué es el perdón? Es dejar ir un resentimiento, renunciar a sentirte herido o dañado. Ello no significa ignorar que el daño o la herida tuvieron lugar, sino dejar de examinarlos una y otra vez, quedándote atorado en el resentimiento por la persona que los causó, incluso si eres tú mismo.

He orado para poder perdonar, he intentado convencerme de que debo hacerlo, y muchas veces me he obligado a perdonar antes de estar realmente lista para ello, dándome cuenta de que al final estoy justo donde empecé: sintiéndome mal y llena de resentimiento. Así que, para llegar genuinamente al lugar donde quiero estar —ser una persona estable, sólida, pacífica e indulgente—, empecé conmigo misma. Cuando me descubrí

regañándome por decisiones que había tomado, oportunidades que había perdido, personas a quienes había
juzgado, comportamientos que había permitido, dejé de
hacerlo. "No más", me dije, y empecé a ser amable conmigo misma, una y otra vez.

Una vez que empecé a relajarme conmigo misma,
me di cuenta de que podía relajarme con los demás.
Comprendí que ellos necesitaban lo mismo que yo. Si
yo había cometido errores y merecía ser perdonada,
ellos también. Si yo había lastimado a alguien y podía ser
perdonada y seguir adelante, ellos también. Si yo había
criticado y juzgado a alguien y podía ser perdonada, ellos
también. En otras palabras, si podía abandonar los resentimientos y los juicios contra mí, podía y debía abandonar los resentimientos y los juicios contra otras personas
y seguir adelante en lugar de permanecer estancada.
Tenía que dar lo que buscaba para mí. El perdón es dejar
ir la necesidad de sentirnos víctimas. Trabaja en ello. Ali-
gerarás la carga de negatividad que llevas a cuestas.

Querido Dios: No permitas que me descubra
resentido o con cualquier otra forma de miedo
y odio. Si aparecen, por favor, transforma mis
pensamientos en oraciones por mi enemigo o
por quien lo necesite.

—*Padre Frank Desiderio, CSP*

El poder de tu historia

Nunca sabes de qué manera tu historia inspirará a otros. Comparte lo que desees, guarda un poco para ti y siempre recuerda seguir añadiendo nuevos capítulos sobre la marcha.

—Maria

Me considero una contadora de historias, pero muchas veces me debato con mi propia narrativa. Crecer en una familia famosa hizo que a veces fuera difícil saber dónde terminaba la historia de mi familia y empezaba la mía. Me preguntaba: "¿Esta es mi historia? ¿Puedo compartirla, aun si involucra a otras personas que tienen una vida pública?". Hace algunos años le conté mi historia a un amigo: cómo crecí, cómo me ayudaron a encontrar mi camino y mi carrera de periodismo, cómo me llevaron a la Costa Oeste y me hicieron fuerte, cómo me ayudaron a convertirme en la persona que soy hoy.

Cuando iba por la mitad de mi perorata, mi amigo me detuvo y dijo: "¡Espera, espera, espera! ¡Lo estás contando mal!". "¿Qué? ¿A qué te refieres?", le pregunté.

Me dijo, "*Tú* eres el héroe de tu propia historia. Deja de responsabilizar a otras personas por cada vuelta o giro en tu vida. *Tú* tomaste las decisiones que te llevaron del punto A al punto B. *Tú* trabajaste duro. *Tú* navegaste hasta donde te encuentras hoy. Tu historia es el viaje de una heroína. ¡Cuéntalo así!".

Me resistí y dije: "¡No, no, no, no! ¡Yo no hice esto, yo no hice aquello! No tuve que superar esto o aquello". De nuevo, mi amigo me detuvo. "¡Deja de devaluar tu historia! Deja de compararla con la de los demás. Hazla tuya. ¡Cuéntala de forma que te haga sentir orgullosa! ¡Eres una superviviente y aún te estás recuperando!".

Esas palabras bien podrían aplicarse a ti. ¿Puedes escribir tu historia de forma que te haga sentir bien sobre ti mismo? ¿Puedes escribirla de forma que te haga sentir orgulloso? Si tienes hijos, cuando conozcan tu historia, ¿comprenderán lo fuerte que has sido, todas las dificultades que has enfrentado, la forma en que te has levantado y continuado la marcha? Piensa en todas las decisiones que has tomado para llegar aquí. No solo las estúpidas (porque todos tomamos decisiones así), sino las inteligentes, las que demuestran que sabes lo que estás haciendo.

Hace algunos años, conversaba sobre mí con una de mis hijas, que me caracterizaba bajo una luz nada halagüeña. ¡Eso realmente me sacó de mis casillas! Me defendí con una furia que nos sorprendió a las dos. Me maravillé de lo que salió de mi boca. Enumeré con detalles todas las decisiones que había tomado en la vida que contradecían la manera en que ella me describía, decisiones difíciles que requirieron fuerza, resistencia y valentía. El punto era que yo sabía lo que estaba haciendo y había tomado decisiones fuertes, ¡y ni ella, ni nadie debía subestimarme o caracterizarme como algo menos que una superviviente!

Me miró y dijo: "¡Está bien! ¡Cálmate! ¡Lo entendí! ¡Lo entiendo!".

La próxima vez que le cuentes tu historia a alguien más, o a ti mismo, y les des a otros los roles principales... ¡detente! Acepta el crédito por la vida que has creado. Y si alguno de tus hijos alguna vez intenta decirte que eres una persona distinta, ¡defiéndete!

Querido Dios: Ayúdame a contar mi historia mostrándome compasión. Ayúdame a ser amable conmigo misma por las decisiones que tomé y tomaré. Y guíame para tomar buenas decisiones mientras mi vida continúe desenvolviéndose. Amén.

Perseguir la ilusión de la perfección

> La perfección no te hace sentir perfecto. Te
> hace sentir inadecuado.
>
> —*Maria*

La perfección es una ilusión. Es importante que lo sepas. Nadie es perfecto, y todos los que han intentado alcanzar la perfección han fallado. Confía en mí, buscar la perfección es una enorme pérdida de tiempo que te hará sentir peor con relación a ti mismo.

Vivimos en un mundo donde todos presumen y exhiben vidas supuestamente "perfectas": cuerpos, pestañas, ropa, carreras, hogares, autos, romances, hijos perfectos. ¿En serio? La "perfección" siempre es una ilusión, y compararte con una ilusión es un caso perdido de antemano. Te sientes inferior porque, ¿quién puede competir con la perfección? Sobre todo, no existe. ¿Sabes qué? Los seres humanos no somos perfectos. Eso es lo que significa ser humano: ser imperfectos.

Todas las personas con vidas que parecen perfectas desde el exterior con quienes he hablado me han dicho en la intimidad que ha habido momentos en los que han sentido que apenas salían a flote. A mí me ha pasado. Tras el nacimiento de cada uno de mis hijos, me culpé por no recuperar mi físico, comparándome con las mujeres que veía en las portadas de las revistas. Cuando fui primera dama de California, muchas personas creían que tenía una vida perfecta: una gran familia, el cabello de los Kennedy, ropa hermosa, notoriedad, influencia, poder para cambiar el mundo. El cuadro perfecto, ¿no? Pues bien, un día una maestra de la escuela de mi hijo me llamó aparte y me dijo: "Sé que está muy ocupada, Sra. Shriver, pero pensé que querría saber que...", y susurró, "los zapatos de su hijo tienen huecos". ¡Ay! Me sentí humillada y también quise decirle que metiera la cabeza donde la espalda cambia de nombre. Sabía lo de los huecos, pero también sabía que esos eran los zapatos favoritos de mi hijo y no quería deshacerse de ellos. Sin embargo, me sentí expuesta por la maestra, que arrancó el velo de mi ilusión de perfección.

Eso fue hace más de una década. Desde entonces, he encontrado alivio abandonando la ilusión de perfección. ¿Cómo lo hice? Simplemente tuve que enfrentar los hechos y admitir que mi vida no es perfecta. Mi cuerpo no es de revista. Tienen que retocar mis fotos para que me vea bien. A veces mi vida tiene huecos, como los zapatos de mi hijo. ¡ES LA VERDAD! Aprendí lecciones de vida magníficas en el caos de mi vida. Una de ellas es que no debería gastar energía ni amor propio persiguiendo la perfección como si fuera una luz al final del camino o una olla de oro al final del arcoíris, fuera de mi alcance. Está fuera de mi alcance ¡porque no existe!

Lo que existe es la vida que vives ahora mismo. Y perseguir fantasías, creyéndote menos si no las alcanzas, es una garantía de frustración, miseria y desprecio hacia ti mismo.

No existen las vidas perfectas. Lo que necesitamos son vidas significativas. Una vida plena y significativa requiere que perdonemos nuestras imperfecciones y las de los demás. Una vida plena está llena de victorias y errores, altas y bajas, bueno y malo, correcto e incorrecto, luz y oscuridad. La vida no es un tiro directo al círculo de los ganadores. Se parece más a un laberinto, con idas y venidas y muchas vueltas. Algunos giros te llevan por el camino equivocado y tienes que volver a empezar. Otras decisiones te llevan en la dirección equivocada y tienes que volver a empezar una vez más. ¡Es lo que se llama "aprender"! Es lo que se llama "adquirir experiencia". Es lo que se llama "vivir". Y es así para todos.

Querido Dios: Por favor, ayúdame a dejar de intentar ser perfecta. Ayúdame a darme cuenta de que estoy bien como soy. Nací sagrada y siempre seré sagrada. Ayúdame a recordar que si me comparo con otros —o me concentro en alguna ilusión de perfección—, pierdo y dejo de honrar el regalo de vida que me has dado. Ayúdame a recordar que soy parte de tus amados hijos y que soy suficiente. Amén.

Por qué la aceptación es el camino para encontrar la paz

Si no tenemos paz es porque hemos olvidado que nos pertenecemos los unos a los otros.

—Santa Teresa de Calcuta

Me encanta esa frase de Santa Teresa porque habla de nuestra necesidad básica de pertenecer. También habla de algo que nuestro mundo necesita mucho en este momento: paz. Hoy en día puede ser difícil encontrar paz, pues cada minuto, día y año parece pasar muy rápido. Quiero reducir la velocidad y dar un paso atrás, lejos de todo, para poder pensar realmente en cuál es el camino hacia la paz.

A lo largo de los años, he pensado en los vínculos entre la paz y nuestro sentido de pertenencia y aceptación. He aprendido que, cuando te aceptas a ti mismo, cuando aceptas tanto la luz como la oscuridad que reside en ti y en los demás, caminas hacia encontrar la paz dentro de ti y contigo mismo. La paz interior lleva hacia la paz en tu hogar, en tu comunidad y en tu país.

Cuando era niña, mi padre nunca quiso que nos hiciéramos miembros del country club que quedaba cerca de la casa porque no aceptaban afroamericanos ni judíos. Nos dijo que no podíamos pertenecer a un lugar donde no todos eran aceptados. Lo he tenido presente toda mi vida.

La historia de Estados Unidos nos muestra que la gente ha venido a este país en busca de pertenencia y aceptación. Yo soy descendiente de inmigrantes, y el padre de mis hijos es un inmigrante de primera generación. Todos queremos pertenecer y ser aceptados. Reconocer que compartimos ese deseo puede ayudarnos a contemplar nuestra humanidad compartida. Santa Teresa tenía razón, nos pertenecemos los unos a los otros. Una vez que aceptemos esa verdad, estaremos en el camino hacia la paz.

Querido Dios: Ayúdame a aceptar a los demás de la misma forma en que tú me aceptas. Empodérame para aceptar a la gente que es diferente y, en particular, a quienes a menudo experimentan rechazo y sienten que no son aceptados. Quiero amar a los otros como tú me has amado a mí. Amén.

Por qué se requiere valor

Muchos creen que muestras debilidad cuando te importa algo, pero, al contrario, requiere valor que algo te importe. Requiere pasión defender a alguien o algo en lo que crees y te importa.

La frase de arriba es... ¡mía! Últimamente he estado pensando mucho en la palabra, el concepto y el acto mismo de interesarse por algo. Pienso en los millones de mujeres y hombres que han dedicado sus vidas a cuidar a otros, ya sea por profesión, responsabilidad familiar o, simplemente, porque así actúan.

Pienso en el cuidado de otros a nivel personal. Cuando necesité una cirugía, dependí del cuidado de otros. Más que todos, me cuidaron mis hijos, Katherine, Christina, Patrick y Christopher. Luego estuvieron los médicos y las enfermeras, a quienes ni siquiera conocía, pero me cuidaron y se *preocuparon* por mí. Ello me llevó a pensar en lo que significa para mí, en términos prácticos, que algo me importe. ¿Cómo lo defino? ¿Qué es lo que me importa a nivel personal, profesional y político? ¿Cómo demuestro que eso me importa? ¿Cómo sé que alguien se interesa por mí o cuidará de mí? ¿Puede tu jefe hacer que sientas que le importas? ¿Puede hacerlo un líder político? ¿*Tienen* ellos que preocuparse por ti? Creo que sí. Creo que es necesario para tener una familia, una comunidad y un país sanos.

Creo que es momento de pensar en lo que significa para cada uno de nosotros interesarse por algo o alguien. Muchos lo ven como una debilidad, pero no es así. Es un concepto duro, muscular. Requiere valor y pasión defender a alguien o algo en lo que crees y te importa. Debemos contraponer esta idea a los juicios fríos e hirientes que evitan que personas de buen corazón demos el paso adelante.

Me he dedicado a construir un mundo más consciente, cariñoso, compasivo y conectado, e intento hacerlo sin que me importe demasiado lo que otros piensen sobre mí o sobre cómo manejo mi vida. Si queremos encontrar nuestra pasión y nuestro propósito, debemos encontrar algo que nos importe profundamente, y no debemos preocuparnos por lo que otros digan sobre lo que hacemos. Recuerda, quienes te juzgan no te conocen ni se preocupan por quién eres realmente. Así que, cuídate a ti mismo y cuida de los demás. Pero no te preocupes demasiado por lo que otros piensen o digan. Entiende eso y cambiarás el mundo.

Mi madre solía decirme: "Si tienes salud, tienes todo". Yo añadiría que, si tienes a alguien que se preocupa por ti y te cuida, tienes algo que el dinero nunca podrá comprar. Y si tú mismo te preocupas por alguien —verdadera, honesta y desinteresadamente—, entonces posees el mundo entero.

Querido Dios: Gracias por cuidarme y por preocuparte por mí. Y gracias por permitir que me sienta cuidada por otros. Se nos ha dicho "Benditos sean los pacíficos", pero también quiero recordar que "Benditos sean los que cuidan". Recuérdame no pasar por alto el simple pero poderoso acto de cuidar. Permíteme reconocer cuándo la gente me cuida, y permite que yo lo haga por los demás también. Amén.

Un augurio de Dios

El tiempo es nuestro recurso más preciado,
pero pocos lo usamos tan sabiamente como
deberíamos. Corremos tanto que, a veces, nos
olvidamos de vivir.

—*Maria*

El título del correo electrónico era "Un augurio de Dios". Me lo envió mi hermano Bobby desde Marruecos, donde había ido a una junta del consejo de asesores de las organizaciones ONE y (RED), que había fundado junto con Bono para salvar vidas alrededor del mundo. Salvar vidas, de hecho, ha sido la labor a la que mi hermano ha dedicado su vida. En realidad, ha sido la labor a la que todos mis hermanos han dedicado sus vidas: Timothy es presidente de Special Olympics International, Mark es presidente de Save the Children Action Network, y Anthony es fundador y presidente de Best Buddies. Pero esta historia es sobre Bobby.

Bobby ha dedicado su vida a trabajar para ayudar a los demás. Por eso, un intercambio que tuvo con un portero en Marruecos lo paró en seco. El portero, que intentaba conseguirle un taxi a mi impaciente e inquieto hermano, se volteó y le dijo: "Nosotros tenemos tiempo aquí. No como ustedes en Estados Unidos. En Estados Unidos no tienen tiempo y no viven".

Esas palabras realmente detuvieron en seco a mi hermano (toda una hazaña, por cierto), y ese fue el mensaje que me envió por correo: "Estás tan ocupada que no dejas tiempo para la vida. Haz que el tiempo sea tuyo", me escribió desde el otro lado del mundo. Ahora lo comparto contigo porque creo que es cierto. El tiempo es nuestro recurso más preciado, pero pocos lo usamos tan sabiamente como deberíamos. Vivimos apurados, con la mirada en el teléfono, intentando pasar de una cosa a otra. Andamos con prisa, intentando llegar a un lugar que creemos nos hará felices. Nos movemos tan apurados que, en medio de todo, nos olvidamos de vivir realmente. ¿Haces tiempo para vivir tu vida? ¿Para ti? ¿Para tus amigos? ¿Para tu familia? ¿O estás demasiado ocupado?

Varios meses antes de recibir ese correo, mi hermano Timothy me pidió que pasara tiempo con él. "Dame un fin de semana", me dijo. "Quiero pasar tiempo contigo". Le dije: "Sí, hagámoslo", y así fue. (Te contaré al respecto más adelante).

Espero que dediques un tiempo a pensar si tus ocupaciones te han hecho olvidar a las personas más cercanas a ti o a ti mismo. Eso me lleva de vuelta a Bobby. Recientemente se mudó lejos de Los Ángeles, donde había vivido por más de veinte años. Empacó su vida y su familia y se estableció en otro estado. Al principio me enojé, pues sentí que me estaba abandonando. Sé que suena egoísta, pero así lo tomé. Luego me di cuenta de que Bobby necesitaba tiempo. Tiempo lejos de L.A., tiempo para sí mismo y su familia, tiempo para respirar, tiempo para recalibrar. Tiempo, quizás, para saborear la vida que se había perdido durante tantos años en los que trabajó muy duro por los demás. Ruego por que en su nuevo hogar encuentre tiempo para vivir la vida que busca.

Ello tiene que ver con mi poema favorito, de mi amiga Mary Oliver. Se llama "El viaje" y nos recuerda que solo hay una vida que puedes salvar, la tuya. Empieza por ella. Si después tienes tiempo para más, hazlo, pero procura hacer algo importante. Tu tiempo aquí en la Tierra es finito. Haz que sea significativo. Como le enseñó el portero marroquí a Bobby: Tómate el tiempo de vivir.

Querido Dios: Cuando leí este poema de Mary Oliver, sentí que era tu augurio para mí. Gracias.

EL VIAJE

Un día descubriste al fin
lo que debías hacer, y empezaste,
aunque las voces alrededor
siguieran gritando
consejos nefastos;
aunque toda la casa
empezara a temblar
y sintieras el viejo jalón
en los tobillos.
"¡Arregla mi vida!",
gritaba cada voz.

Pero no cesabas.

Sabías lo que debías hacer,

aun si el viento forzara

con dedos tiesos

los propios cimientos;

aunque su melancolía

fuera terrible.

Era tarde,

sin embargo, y era una noche salvaje,

y el camino estaba cubierto

de ramas y piedras sueltas.

Pero, poco a poco,

dejando las voces atrás,

las estrellas empezaron a brillar

a través de velos de nube,

y hubo una nueva voz

que, lentamente,

reconociste como tuya,

y te acompañó

mientras andabas más y más

por el mundo,

determinado a hacer

lo único que te era posible,

determinado a salvar

la única vida que podías salvar.

—*Mary Oliver, de* Dream Work

He aprendido a merecer

Si miras lo que tienes en la vida, siempre
tendrás más. Si miras lo que no tienes en la
vida, nunca tendrás suficiente.

—*Oprah Winfrey*

Cuando era niña, mis padres nunca me hablaron de lo que yo "merecía". Me dijeron, en cambio, muchas cosas sobre lo que se "esperaba" de mí. Eso lo tenían muy claro. Esperaban que fuera fuerte, que trabajara duro, que fuera culta y lista. Esperaban que ayudara a los otros, sobre todo a los marginados. Me enviaron a trabajar a lugares pobres en el mundo para que pudiera darme cuenta de lo afortunada que era y aprendiera que realmente no tenía nada de qué quejarme. Esperaban que fuera a la iglesia cada semana, que fuera honesta, que ayudara a mis hermanos, a mis primos y a mi comunidad. Esperaban que alzara la cabeza y siguiera caminando, pasara lo que pasara. Esperaban que me pusiera de pie cuando entraban a la habitación, algo que seguí haciendo hasta la muerte de ambos. La lista de expectativas era inmensa. Y, en algún punto del camino, sus expectativas poco a poco se convirtieron en las mías.

Pero, con el tiempo, otra palabra penetró en mi vida. Lentamente al principio, incluso tímidamente, porque esa palabra y ese concepto me parecían extraños, tal vez vergonzosos. La palabra era *merecer*. Pensar que "mereces" algo cuando otros tienen tan poco suena arrogante y egoísta, como *¿Quién crees que eres?* Ese mensaje lo aprendí de mis padres. Pero he llegado a comprender que hay mucho poder en la idea de *merecer*.

Lo que mereces no tiene que ver necesariamente con posesiones materiales. Puede estar completamente relacionado con la forma en que te ves y quieres ser tratado. Por ejemplo, si trabajas duro, mereces ser valorado y respetado por tus compañeros de trabajo. No es pedir demasiado. Y, si trabajas mucho, mereces un descanso. A mis padres no les gustaría escucharme decir esto, pero es cierto. Descansar tu cuerpo y tu mente no es ser flojo, sino inteligente. Tu cuerpo y tú merecen descansar para que puedas estar sano emocional y físicamente, ¡y puedas seguir trabajando! (¡Esa es la parte que les gustaría a mis padres!).

Mereces que tus amigos, tu familia y tus seres queridos te traten bien. Como les digo a mis hijos a menudo, "Tus hermanos merecen tu respeto". Y como les digo a sus amigos, "Yo también lo merezco". Así que levántense cuando entro a la habitación, mírenme a los ojos cuando hablen conmigo, ¡y no se atrevan a mandar mensajes en la mesa!". Me doy cuenta de que, si no nos tratamos a nosotros mismos como si mereciéramos esas cosas, difícilmente los demás les darán importancia.

¿Qué mereces? Depende de ti. Solo puedo decir lo que creo que merezco. Merezco ser feliz. En parte, eso depende de mí, pero saber que lo merezco me ha ayudado a ser más feliz. Y ser tratada con amabilidad y respeto comienza con la forma en que me trato a mí misma.

Merezco descansar y tener tiempo libre. Por eso es que de vez en cuando paso unos días en el Cabo Cod. Todavía no creo que merezca unas largas vacaciones, pero estoy trabajando para "merecerlo". Ya no me da pena admitir que merezco que se respeten mis límites, vivir en un lugar seguro, amar y ser amada, soñar de nuevo. Sí, así es. Los sueños no son solo para quienes tienen veintitantos. Los sueños son para todos, a cualquier edad. Merezco vivir mi duelo de la manera que sea mejor para mí. Si dura más tiempo del que los demás quisieran, que así sea. Merezco que la gente a mi alrededor me diga la verdad, me anime, quiera lo mejor para mí. Merezco tomar tiempo para mí, para leer, tomar una siesta o salir a comer con amigos. Merezco reír tanto como quiera.

Merezco no saber. Eso está bien. Hasta tanto no sepa, merezco estar insegura sobre cómo me siento con respecto a algo o a alguien. Eso está bien. Merezco expresar mis opiniones y no merezco (nadie, de hecho, lo merece) ser atacada por lo que digo, por quién soy y por mis creencias. Merezco poder cambiar lo que creo cuando comprendo que me lastima o me restringe, o incluso cuando descubro una mejor forma de pensar. La lista continúa, y también puede crecer y cambiar. De hecho, espero que así sea. Lo merezco.

Escribo todo esto con la esperanza de que pienses en lo que tú mereces. Espero que dejes espacio en tu vida y en tu mente para tener esa conversación contigo, mucho antes de lo que yo lo hice. No eres egoísta o arrogante si lo haces. Es una forma de ser gentil y amoroso con uno mismo. Lo que llamamos vida no es más que un viaje mágico que a veces carece de sentido. Está lleno de incertidumbre, alegría, lucha, sorpresas, decepciones y recompensas. No siempre es justo, limpio u ordenado. Mereces diseñarlo de forma que te funcione, y rediseñarlo cuando sea necesario. Eso es lo que he aprendido a anhelar. Eso es lo que he aprendido a merecer. Ahora ve y ten un gran día. ¡Lo mereces!

Querido Dios: Me has regalado mucho. Ayúdame a saber que lo merezco. Ayúdame a saber que me amas profundamente y que merezco ese amor. Amén.

Lleva alegría a tu hogar

Encuentra un lugar en tu interior donde haya alegría, y la alegría consumirá el dolor.

—*Joseph Campbell*

Gracias a Dios hay muchas risas en mi hogar, porque a mí me encanta reír. Mis hijos son graciosos y me brindan una enorme alegría, al igual que sus amigos. Sí, realmente amo a los amigos de mis hijos. De hecho, tengo una pared en mi casa donde cuelgo retratos de todos los que tienen a esta como su segunda casa. Está llena y, cuando alguien se pasa de la raya, lo amenazo con quitar el retrato. Confía en mí, funciona mejor que cualquier "castigo".

Con mis padres aprendí a tener amigos jóvenes, pues mis amigos y los de mis hermanos también se convirtieron en sus amigos. Acercarse a otras generaciones les dio alegría y los mantuvo activos e involucrados socialmente. Ahora que mis propios hijos han crecido y desarrollado sus vidas —¡e intentado llevarse a sus amigos!—, he tenido que encontrar nuevas maneras de traer alegría a mi vida. Es algo en lo que tengo que trabajar todos los días. Tengo la bendición de que mis propios amigos me hacen reír, y eso me ha ayudado a darme cuenta de que conservar mi propia alegría es crucial conforme enve- jezco y empiezan a suceder cosas nada graciosas. Tam- bién aprendí que debo dejar de hacer cosas que bloqueen la alegría. Necesito seguir apagando esa voz interna de crítica, juicio y vergüenza; vivir en el presente y no pen- sar excesivamente en el futuro; dejar de entumecerme con galletas y helado.

Sentirme útil me hace bien. Mi trabajo en la comu- nidad de enfermos de Alzheimer me trae alegría. Me siento alegre asistiendo a una plática sobre la Biblia con mi hijo o prestando servicio dentro de mi comunidad religiosa. Enfocarme en encontrar alegría —como dice Joseph Campbell en su frase— mitiga la antigua ver- güenza y el dolor que todavía albergo. Estimula la alegría que hay dentro de ti y, antes de que te des cuenta, otros gravitarán hacia ti en busca de su propia dosis de alegría.

Querido Dios: Ayúdame a sentir alegría en mi corazón. Ayúdame a sentir la alegría que me rodea. Ayúdame a ser una mensajera de alegría para mi familia. Ayúdame a convertirme en un faro de alegría en la vida de los demás. Amén.

Cuando la vida te
tome por sorpresa, haz esto

Estoy lista para salir del retiro y ayudar a
encender una luz que ilumine lo que está
sucediendo en los hogares.

—*Hillary Clinton*

Esas palabras me hicieron pensar en la virtud de
tomarse tiempo lejos de los negocios y del estrés
de la vida moderna, de tomarse un "retiro" —ya
sea literal o metafórico— tras la pérdida, ya sea de una
pareja o de una campaña presidencial, un trabajo o algún
otro evento de gran impacto en nuestras vidas.

¿Por qué nos sentimos tan incómodos cuando alguien
se retira de la carrera de la vida cotidiana? ¿Será porque
creemos que nos sentiríamos incómodos o asustados si
lo hiciéramos nosotros mismos? ¿Porque no sabemos
cómo manejar la pérdida? ¿Porque no sabemos manejar
el duelo? La vida nos depara sorpresas y puede tomar
tiempo y reflexión descubrir cómo seguir adelante.
Algunas de las conversaciones más interesantes que he
tenido en mi hogar han sido con personas que, por una

razón u otra, se salieron del predecible sendero que la vida les trazaba para examinar su interior antes de proyectarse al exterior. Algunas salieron del camino a la fuerza. Otras se dieron cuenta de que sus vidas no funcionaban como debían y se salieron por su cuenta. Abandonaron el camino y se impusieron un retiro.

Casi todas las personas con quienes he hablado me han dicho que "el retiro" las volvió más fuertes internamente y más abiertas al exterior. Eso me hizo pensar en una profunda conversación que tuve con mi padre cuando el Alzheimer le impuso el aislamiento. No sabía mi nombre ni el suyo. Ni siquiera hablaba mucho. Estaba sentada a la mesa con él, diciéndole algo que claramente no le interesaba, cuando me miró a los ojos y me dijo: "¿Sabes?, tienes que ir hacia lo interno si quieres ser eterno". Ambos nos quedamos callados, mirándonos, y supe que acababa de darme un gran consejo. De hecho, mi padre dijo cosas impresionantes viviendo con Alzheimer.

"Ir hacia lo interno" —poner pausa, reflexionar, meditar— nos permite sanar nuestra vida cotidiana. Nos hace ser mejores personas, mejores profesionales y mejores líderes. Le hace bien a nuestro cerebro y nuestro cuerpo. Mejora nuestro amor propio. Mejora el espíritu creativo que tenemos dentro.

Vi cómo mi padre, y otros en mi familia, tuvieron que acomodar la pérdida de una elección. Se necesita tiempo para darle sentido a una pérdida personal de esa índole. Pero la historia está llena de gente —desde Thoreau y Mandela hasta Gandhi, Dorothy Day o el papa Francisco— que se retiró para después volver con una historia que contar. Si la vida te sorprende con una curva mortal, retírate. Después podrás volver y compartir tu historia.

Querido Dios: Cuando me sienta confundida o insegura sobre la dirección que debo tomar y la forma en que debo lidiar con una situación o una persona, ayúdame a encontrar un consejo sensato. Por favor, ayúdame a escuchar tu sabiduría y guíame hacia aquellos que hablan por ti y pueden discernir sabiamente lo correcto para mí. Amén.

El duelo está bien; de hecho, es crucial

El duelo puede resurgir como una ola
gigante, incluso cuando la persona luzca bien
desde el exterior.

—*Kelly Buckley*

El cambio está en el aire. Mis hijos ya no están en la casa y viven por su cuenta. Adonde quiera que mire, veo y siento el cambio. Y el cambio muchas veces involucra un duelo. *Duelo*, una palabra de cinco letras. Puedes estar en duelo tras la muerte de un ser querido. Pierdes un trabajo y vives un duelo. Termina una relación, un hijo se va de casa... cualquier pérdida o cambio puede detonar el duelo. ¿Cómo lidiar con eso? No hay una forma correcta, por lo que es importante que sepas que la tuya es la adecuada. ¿Por qué? Porque el duelo es algo que todos experimentamos, pero no siempre discutimos. Surge en cualquier momento y se presenta de diversas formas. Millones de personas lo viven cada día, muchas veces sin poder encontrar consuelo, sensibilidad o apoyo.

He conocido el duelo en varias de sus formas. No solo después de la muerte de familiares y amigos, sino ante la pérdida que sentimos frente a los inevitables cambios en la vida. En mi lucha por hurgar entre la amplia mezcla de emociones que acompañan el duelo, agradezco infinitamente a Elisabeth Kübler-Ross por sus meditaciones sobre el tema.

Crecí en una familia que experimentó muchas tragedias y pérdidas, pero nadie las discutía. Bajaban la cabeza y seguían adelante. Así que, de niña, y también después, pasé por experiencias similares prácticamente sola, intentando darle sentido a las pérdidas sin tener una guía o marco de referencia que me permitiera comprenderlas. Décadas después, me di cuenta de que todavía seguía intentando procesarlas y pensé que debía existir una mejor manera.

Más tarde, cuando murió mi abuela, mis hijos tenían muchas preguntas. Sus preguntas me hicieron ver que mi comprensión del sufrimiento era tan inmadura como la de ellos. Así que sentí la necesidad de darle curso a la curiosidad que todos sentimos con relación a la pérdida, en cualquiera de sus formas, incluso ante la muerte de una mascota. Así nació mi libro sobre el duelo, dirigido a los niños, *Mamá, ¿qué es el Cielo?* Muchos pensaron que no se vendería, pero tuvo un éxito tremendo, demostrando la sed que hay en nuestra cultura por una conversación sobre la pérdida y sobre cómo lidiar con ella.

Años después, mi madre murió. Siempre me había aterrado pensar que, si algo le pasaba, no podría sobrevivirlo. Cuando murió, experimenté un profundo sufrimiento. Sin embargo, a diferencia de lo que mis familiares hacían cuando era niña —bajar la cabeza y seguir adelante—, esa tremenda pérdida me tumbó de rodillas. Dos semanas después, murió mi tío, y un año y medio más tarde, murió mi padre y mi matrimonio terminó. Así, durante varios años me adobé en el sufrimiento. Fue una experiencia increíblemente solitaria. Mi mundo se detuvo mientras el resto siguió girando a mi alrededor. Me sentí aislada en mi duelo.

Encontré consuelo en otros que habían experimentado la muerte de uno o varios seres queridos. Cada vez que tropezaba con una historia de duelo, me sentía menos sola. Cada vez que escribía al respecto, sentía que daba un paso adelante. Cada vez que compartía mi duelo con alguien más, me sentía menos aislada. Y, cada vez que leía sobre las experiencias de otros que se sobreponían al luto, me inspiraban a creer que un día yo también lo superaría.

Sé que algunas personas nunca superan la pérdida de un ser querido. Simplemente, aprenden a vivir con ello. Todavía hoy, a veces se me llenan los ojos de lágrimas a causa de pérdidas pasadas. Pero ahora tengo las respuestas y sé que puedo superarlo de nuevo. Y lo hago. Ser capaz de experimentar el duelo me ha hecho valiente. Al abrirme al duelo y permitirme sufrirlo, me volví más fuerte. Pero, para ello, tuve que aprender que está bien y, de hecho, es crucial sentir el duelo. Es parte inevitable de la condición humana y no necesitamos suprimirlo para sobrevivir.

Querido Dios: Confío en que me ayudes a enfrentar los retos y las tormentas impredecibles que surjan en mi vida. Elijo dirigir mi mirada hacia ti y recordar que me has prometido estar conmigo, sin importar nada. Sé que el valor no solo surge de la confianza en mi propia fuerza, sino también de la confianza en ti. Gracias por darme el valor para enfrentar lo que esté frente a mí. Amén.

¿Cuándo es el momento de seguir adelante?

Hazlo bien, termínalo adecuadamente y sigue
adelante.

—Eunice Kennedy Shriver

Ante los funerales de los hombres y mujeres que murieron en el club Pulse, en Orlando, a manos de un asesino homófobo, cuando escuchaba lo que decían los familiares de las víctimas sobre sus seres queridos, pensé en su dolor, en su pérdida y en el golpe que debían sentir. También pensé en cómo seguirían adelante. Cuando te encuentras en medio del duelo, es casi imposible pensar en "seguir adelante". De hecho, suena casi irrespetuoso. Las personas, incluso las bienintencionadas, suelen decirles a los afligidos: "¿Sabes?, realmente deberías seguir adelante. Es la única forma de sanar. Es la única forma de avanzar". Creen que te hacen un favor apurándote a salir del duelo.

"Seguir adelante". Otra de las expresiones que la gente echa al aire, más fácil de decir que de hacer. Cuando muere un ser querido, cuando se cierra un capítulo, cuando termina un trabajo, cuando un hijo se muda... nos dicen que "sigamos adelante". Mi madre solía decir: "Adelante, adelante, solo apúrate y sigue adelante". Creo que era su manera de no detenerse, de no quedarse atorada. Estoy segura de que era su forma de adelantarse a todas las emociones que intentaba mantener secretas y bajo control, sobre todo el sufrimiento. Lo entiendo.

Sin embargo, no me gusta que alguien me diga que siga adelante. (Tampoco me gusta que me digan que me relaje, que no coma esto o aquello, o que deje de preocuparme). Cuando alguien me dice que siga adelante, le grito en mi interior: *¡Sí, claro! Lo haría si pudiera, pero no puedo, ¡así que deja de decirme que lo haga! Respira, Maria, respira.*

Para seguir adelante necesitamos tiempo, y todos lo hacemos a nuestro propio paso. Apurar a alguien para que siga adelante no es sano, no es justo y no es amable. Muchas veces, ni siquiera es posible. Así que ¡déjalos en paz! Créeme, si no has seguido adelante después de la pérdida de un ser querido, está bien. Sé bueno contigo mismo. Si no has seguido adelante después de perder ese trabajo que amabas, también está bien. Si no has seguido adelante tras esa pelea con tu mejor amigo, tómate tu tiempo. Está bien. A veces, seguir adelante es lo que *no* debes hacer. Si te fuerzas a seguir adelante antes de estar listo, lo que probablemente conseguirás es *apartarte* de tus sentimientos y negarlos.

En mi experiencia, si no lo fuerzas, eventualmente saldrás adelante y avanzarás. Encontrarás tu camino. Un día, sin siquiera darte cuenta, notarás que te sientes un poco más ligero y tu pensamiento estará un poco más despejado. Observarás tu vida y sus posibilidades infinitas de una manera novedosa y más clara. Todo, simplemente, se abrirá. La luz entrará y despertarás. Sin siquiera darte cuenta, ya habrás seguido adelante exactamente de la mejor forma para ti... y en el momento correcto.

Querido Dios: Cuando miro hacia el futuro, me da miedo y me siento muy vulnerable e insegura. Cuando no sepa qué vaya a pasar, recuérdame que tú conoces tu plan para mí y diriges mis pasos. Espero confiada que me guíes hacia un brillante mañana. Amén.

Guardianes de la fe

A veces, la vida te pegará en la cabeza con un
ladrillo. No pierdas la fe.

—*Steve Jobs*

Los cumpleaños son un gran momento para reflexionar sobre las bendiciones. Cada cumpleaños reconozco que soy afortunada por tener un año más de
vida, una familia que me ama y amigos que cuidan de
mí. Una de mis amigas llama "guardianas de la fe" a mis
otras amigas. Es una forma muy hermosa de decirlo, y es
verdad. Mis amigas conservan su fe en mí cuando yo no
puedo encontrarla dentro de mí misma. Y yo lo hago por
ellas. Y eso es todo lo que necesitamos.

Ya sea que abraces un nuevo año de vida o un nuevo
reto, búscate algunos guardianes porque es duro avanzar
por la vida sin fe. Yo avanzo con fe en mí misma, en el
poder de la bondad y en que debo ser la hija de un Dios
amoroso, pues de lo contrario no tendría a ese grupo
de guardianas de la fe tan cariñosas, atentas, graciosas,
honestas, fuertes y ligeramente locas. Benditos sean los
guardianes de la fe en nuestra vida y en el mundo.

Sal y busca tus guardianes de la fe. Diles que lo son y

reconoce lo que hacen por ti. Deseo que algún día tengas la oportunidad de sentarte en una mesa con tus guardianes de la fe a reír, hablar y compartir. Todos necesitamos esa conexión. Es una de las señales de una vida plena.

Querido Dios: Gracias por poblar mi vida con las maravillosas mujeres que son mis guardianas de fe. Sé que me hablas a través de ellas, me amas a través de ellas, me enseñas a través de ellas y ríes conmigo a través de ellas. Amén.

¿Qué es el amor?

Lo más importante que sé sobre la vida es
el amor. Nada es más beneficial para un ser
humano que plantearse la compasión y el
amor como objetivos en la vida. Solo a través
de la compasión y el amor puede alguien
cumplir con éxito su propio viaje. Nada
iguala al amor.

—*Sargent Shriver*

He estado pensando en el amor. Es el tema de grandes canciones, novelas, poesías y películas. Amar y ser amado es el regalo más grandioso de la vida. Una amiga escribió algo que me impactó. Dijo que, como muchas mujeres, ha pasado gran parte de su vida buscando el amor de las películas y los cuentos de hadas, y ha gastado tanta energía y dedicación en eso que no ha podido ver el amor que hay a su alrededor, todos los días de su vida. No fue hasta que tuvo cáncer y, finalmente, le dio entrada a ese amor que se dio cuenta de ello. Lamenta haberse perdido tanto amor por haber estado ocupada buscándolo sin verlo, y está agradecida por la conciencia que adquirió gracias a su enfermedad.

Todos los días tenemos amor a nuestro alrededor y muchos nos lo perdemos porque estamos demasiado ocupados en otra cosa. Me he dado cuenta de que muchas personas que no tienen pareja se sienten mal el Día de San Valentín. Y quienes sí la tienen, pueden sentirse presionados a tener que planear algo ingenioso, original o caro para "mostrar" lo mucho que aman a su pareja.

Sin embargo, ¿qué tiene que ver el amor con los chocolates, las rosas, las joyas y las cenas elegantes? Esas cosas, por supuesto, pueden ser parte de la ecuación, pero el amor que yo creo todos necesitamos es el que ya está a nuestro alrededor. Es un amor paciente, amable, solidario, tierno y tolerante. Se trata de querer, escuchar y estar presente. Se trata de perdonar y comprender. Se manifiesta cuando alguien te lleva una taza de café o te pide un té helado antes de que llegues, porque sabe que te encanta, cuando tu amiga te envía un artículo o un poema que le gusta, o cuando alguien te llama para saber cómo estás.

No estoy diciendo que no me agradan las flores o las cenas hermosas. Todo lo contrario. Pero, como mi amiga, muchas veces me pierdo el regalo del amor que me rodea en la vida. Sí, el mundo necesita más amor, pero cada uno de nosotros necesita ver y experimentar el amor diligente y real que ya se encuentra en nuestra vida diaria. Necesitamos verlo, sentirlo y reconocerlo por lo que es: un amor real en la vida real.

Querido Dios: No me es posible arreglar o curar las heridas de un corazón roto, pero tú sí puedes.

Cuando me siento aplastada por la decepción y mis esperanzas se esfuman, tú sanas mi corazón roto. Mientras realizas ese milagro, también te pido que, a través de tu gran amor, me des el valor para amar de nuevo. Amén.

Amar la maternidad

Intenta sembrar en el corazón de tus hijos el amor por su hogar. Haz que anhelen estar con su familia. Se evitarían muchos pecados si nuestra gente realmente amara su hogar.

—*Santa Teresa de Calcuta*

Me encanta el Día de las Madres porque me encanta ser mamá. Realmente, *verdaderamente*, me encanta. Lo amo profundamente. Amo tanto a mis hijos que a veces me abruma. Me encanta estar con ellos, reír con ellos, viajar con ellos, jugar con ellos. Me encanta recibir a sus amigos y ver cómo sus vidas se desarrollan frente a mis ojos. Sí, amo ser mamá, y es gracioso porque, como he dicho, era algo que me aterraba. Me daba miedo no hacerlo bien; me aterrorizaba pensar que cometería errores.

Ahora sé que mis hijos dirían que, de hecho, he cometido errores. Mis hijas dirían que prefiero a los chicos y los chicos dirían que consiento a las niñas, y otras muchas cosas que no voy a publicar. Pero de algo estoy segura, saben que los amo y que son mi mundo. Espero pasar cada Día de las Madres riendo junto a ellos. En verdad, es todo lo que quiero.

También pienso en mi madre. La extraño cada día desde que murió. Muchas veces se me ocurre algo, pienso en llamarla y entonces recuerdo: *Ah, sí, ya no está*. Cuando sucede algo gracioso o lidio con una decisión, pienso: *Le preguntaré a mamá*, y entonces recuerdo que se ha ido. Pero vive en mí. Sus lecciones, sus consejos, sus enseñanzas están en mí, y yo se las transmito a mis hijos. Por ejemplo, mantenerse en contacto con sus hermanos y llamar a cada uno al menos una vez a la semana; recordar que la vida es un maratón, no una carrera de velocidad; no perder de vista el camino a largo plazo; servir a los demás y recordar que se espera mucho de quienes han recibido mucho.

La maternidad es el trabajo más poderoso de la Tierra. Nuestras palabras, nuestras actitudes y nuestros actos siguen moldeando seres humanos mucho después de que no estamos. Mi madre partió hace varios años y, sin embargo, su voz, su presencia, su visión del mundo están tan vivos en mí como mi propio corazón. Eso me ha hecho apreciar el increíble poder de la maternidad.

Aun así, solemos minimizar nuestro papel. Decimos: "Solo soy una mamá", o lo mencionamos en segundo lugar, después de hablar de nuestro trabajo. Sentimos la necesidad de suplementar nuestro papel de madres con otras cosas para lucir "importantes". Pero lo cierto es que la maternidad *es* lo importante, y estoy profundamente agradecida de haber tenido la oportunidad y el privilegio de experimentarla.

Cada Día de las Madres rezo para que mis hijos

—Katherine, Christina, Patrick y Christopher— puedan cerrar los ojos y sentir el amor que los baña, para que sientan mi apoyo y gratitud. Feliz Día de las Madres para todos nosotros, madres e hijos.

Querido Dios: Ayúdame a recordar siempre que el trabajo más importante que tengo en la Tierra es el de madre. Ayúdame a honrar ese papel, y a mí misma por representarlo. Amén.

Habla de amor, no de odio

"Habla de amor, no de odio o de cosas
pendientes; se hace tarde.
Tengo poco tiempo, y solo voy de pasada".
—*Dick Blakeslee, "Passing Through"*

Hoy, decido honrar esas palabras. Podemos elegir entre hablar de amor o de odio, darnos por vencidos o terminar lo que empezamos, encontrar un propósito o tirar la toalla, gritar o detenernos a escuchar, abrirnos o cerrarnos. Podemos hacer muchas cosas para que la humanidad avance. Hay mucho por hacer, y realmente estamos de pasada. Por eso, creo que debemos hacer que nuestro tiempo cuente. Cada uno de nosotros está destinado para un fin claro, y me parece que es hacer que nuestro mundo sea más cariñoso, más consciente y, sí, más compasivo. ¿Cómo lograrlo? Viéndote como alguien cuya luz el mundo necesita. Viéndote como lo que yo llamo "un arquitecto del cambio". Viéndote como alguien que puede impulsar a la humanidad. Viéndote como un instrumento de paz.

De modo que, si te sientes deprimido, confundido o alterado, lee la oración de San Francisco. Si te sientes exaltado, reivindicado o presuntuoso, también lee la oración de San Francisco. Ha sido transmitida por generaciones porque funciona.

Oración de San Francisco

Señor, hazme un instrumento de tu paz;

donde haya odio, que lleve yo el amor;

donde haya ofensa, perdón;

donde haya duda, fe;

donde haya desolación, esperanza;

donde haya oscuridad, luz;

donde haya tristeza, alegría.

Oh, maestro divino, concédeme que no busque

ser consolado más que consolar,

ser comprendido más que comprender,

ser amado más que amar.

Pues en dar recibimos,

al perdonar somos perdonados

y al morir nacemos en la vida eterna.

Amén.

Necesitamos un movimiento social a favor de la amabilidad

La amabilidad es el lenguaje que los sordos pueden escuchar y los ciegos, ver.

—*atribuido a Mark Twain*

Mi hija Cristina se mudó a Nueva York. Primero, se había ido a estudiar a la universidad y regresó al terminar para reconectar y descubrir en qué quería trabajar. Su pasión siempre ha sido el arte y el diseño, así que solicitó admisión en un programa de maestría en negocios y diseño, en Nueva York, empacó sus cosas y se marchó de nuevo. Esta vez, se siente distinto. Dentro de mí, sé que se fue para siempre. Estoy feliz por ella, pero cuando me siento a meditar en las mañanas los ojos se me llenan de lágrimas y me siento triste, realmente triste. Dirás —como mis amigos— "¡Supéralo y sé feliz por ella!". Y, sí, lo estoy. Pero también me siento trastornada.

La vida es predecible... y también, ¡caramba!, muy impredecible. Nos sentimos bendecidos un momento y, acto seguido, nos sentimos solos. A veces creemos que tenemos una vida plena y, luego, la sentimos vacía. Un día estamos riendo y nuestro hogar está lleno, y al día siguiente está en silencio y desolado. Es así, y no tienes idea de cómo es la vida de los demás. Puede parecerte fácil, pero para ellos puede ser oscura y solitaria.

Sé que muchas, muchas personas comprenden eso. Subí a las redes sociales una frase atribuida a Platón: "Sé amable, pues todos los que conoces están luchando una cruenta batalla", y parece que tocó un punto sensible, pues fue compartida casi un millón de veces en cuestión de días. Todos queremos que nos traten con amabilidad porque todos estamos luchando de alguna manera u otra. Lo aprendí en mi adultez, pues al haber crecido en una familia irlandesa, católica, grande, competitiva y fuerte, solía confundir la amabilidad con la debilidad. Cuando maduré, aprendí que no es así. Ahora comprendo que ser amables no implica que seamos débiles. Tienes que ser realmente fuerte para poder ser amable. No estoy diciendo que sea fácil. Necesitas ser fuerte y paciente para ser amable, estar verdaderamente consciente de ello y hacerlo.

Una persona puede parecer "feliz por fuera", pero nadie sabe lo que sucede en su interior. Tal vez su hijo se acaba de mudar y está triste, o su madre está enferma, o su casa está desordenada. La lista es larga. Debemos dar comienzo a un movimiento social a favor de la amabilidad, en este preciso momento. Piensa cómo te hace sentir la amabilidad *a ti* y compórtate en consecuencia con el mundo. Si realmente somos la nación más fuerte de la Tierra, ¿quién mejor para liderar una revolución en pro de la amabilidad? Y, si ves a mi hija en las calles de la Gran Manzana, por favor, sé amable con ella.

Querido Dios: Gracias por la amabilidad, la misericordia y la generosidad que me demuestras cada día. Te pido que me ayudes a ver a todos a mi alrededor de la misma manera, como personas que amo y atesoro. Por favor, ablanda mi corazón tanto como el tuyo para que pueda abrirme y mostrar mi amabilidad y generosidad a todas las personas en este día. Amén.

Retrocede para seguir adelante

La familia nunca te abandona ni te olvida.
                                    —*Lilo, en* Lilo y Stitch

Todos los veranos, hago mi peregrinaje anual al Cabo Cod. Solía decirme a mi misma que iba a visitar a mis padres, pero ya han muerto. ¿Por qué voy todavía? ¿Debería seguir yendo? Es una pregunta que me hago a menudo. Pero, en el vuelo de regreso a California, siempre encuentro la respuesta y me doy cuenta de por qué me siento tan feliz de poder hacerlo todavía. Voy para mantener la conexión con mi familia, para que mis hijos conozcan a sus primos, para que aprendan que te puedes divertir mucho jugando ping-pong o preparando *s'mores* en la playa. Voy para navegar con mis hermanos y relacionarme con mis cuñadas y mis sobrinos. Voy porque, en este mundo que gira tan rápido, es bueno tener un lugar donde estés rodeado de tu familia y la vida sea más sencilla.

Descubrí que cuando mejor me siento es cuando me conecto profundamente con la gente que amo y me ama a través de la conversación y las experiencias compartidas. Por eso vuelvo. Regreso para poder seguir adelante con mi vida, segura de saber que ese gran grupo de hombres, mujeres y jóvenes que conforman mi familia me ama. Cuando dejo el Cabo Cod, me siento amada, agradecida y bendecida. Mis padres me dieron el regalo de una familia hermosa. Vuelvo para continuar. Así de simple.

Querido Dios: Gracias por la relación especial que me diste con mis hermanos. Ayúdame a seguir en contacto con ellos. Gracias por nuestra historia compartida. Por favor, ayúdanos a estar siempre los unos para los otros. Amén.

Basta de quejas

La verdadera felicidad no se alcanza cuando
nos deshacemos de nuestros problemas, sino
cuando cambiamos nuestra relación con ellos;
cuando vemos en ellos la fuente potencial de
nuestro despertar, y una oportunidad para
practicar la paciencia y aprender.

—*Richard Carlson*

Tengo cuatro hermanos y ninguna hermana. Solo hermanos. Cada año, sin falta, cuando voy al Cabo Cod, donde crecimos, pasamos tiempo juntos. Cuando se reúnen grandes familias, como la nuestra, las historias que a veces se cuentan solo son graciosas para algunos, no para todos. Nos tomamos el pelo unos a otros, nos burlamos, en fin, ocurren y salen a flote muchas cosas.

En un viaje reciente, uno de mis hermanos dijo casualmente: "¿No consideran interesante que, a pesar de que estamos sentados quejándonos de que nuestros padres no hicieron esto o aquello, estemos aquí los cinco, hablando y riéndonos, resolviendo las cosas?". ¡Bingo! Pese a los errores que pudieron haber cometido nuestros padres —y Dios sabe que todos pensamos que nuestros padres cometieron errores (incluso mis hijos)—, hicieron algo verdaderamente bueno. Nos enseñaron a estar y permanecer juntos, y henos aquí.

En ese viaje, aquel hermano también nos preguntó si pensábamos que "a los hijos simplemente les gusta quejarse de sus padres en lugar de enfocarse en lo que hicieron bien". Pensé en eso y creo que es cierto. Todos nos quejamos, mucho. Quejarse parece fácil. Yo me quejo por cosas estúpidas. Mis hijos también. He estado pensando en lo poco atractivo —por lo menos, para mí— e increíblemente negativo que es quejarse, y en cómo podemos dejar de hacerlo, ahora mismo.

Quiero ver si, al no quejarme, me siento diferente. Les diré a mis hijos que he declarado la casa "zona libre de quejas". Mi oficina también. De hecho, lo intentaré durante todo un año. (Cuando le conté a una amiga, dijo: "¡Ay, Maria, sé realista! ¿Un año? ¿Qué te parece un día a la vez?"). De acuerdo, tal vez sea más factible. Un día a la vez: ninguna queja, ni sobre los amigos, ni sobre el trabajo, ni sobre lo que vamos a comer o no comer, ni sobre el tránsito, ni sobre lo que hizo uno u otro hermano. Ni siquiera sobre política. Recuerda, si no te gustan tus funcionarios electos, siempre puedes postularte.

Un día a la vez sin quejas grandes o pequeñas que afecten mi espacio, mi día, mis relaciones con los otros o mi vida. No más quejas sobre mi edad, mi cuerpo, mi trabajo o mis amigos, sobre cómo crecí o sobre lo que mis padres hicieron mal. Es muy aburrido. Después de todo, mis hijos están sanos y yo también. Soy muy afortunada y quiero seguir así, sintiéndome gradecida por las bendiciones de que disfruto. Eso es mucho mejor que gimotear.

Deshacerme de las quejas me permite seguir adelante con gratitud, sobre todo hacia mis padres, por el regalo más grande que me dieron: la amistad con mis hermanos. Y solo me queda esperar que, en el futuro distante, cuando yo ya no esté, mis cuatro hijos se sienten a la mesa a compartir su vida y sus historias sobre la niñez. Sé que hablarán sobre lo que hice mal, puedo oírlos. Sin embargo, espero que también puedan parar, reflexionar y decir: "Vaya, míranos: juntos todos estos años, acompañándonos, compartiendo, riéndonos juntos. ¡Nuestros padres seguramente hicieron algo bien!".

Querido Dios: Por favor, ayúdame a dejar de quejarme, a dejar de enfocarme en lo que está mal, a dejar de enfocarme en lo que considero son los errores de otros. Ayúdame a enfocarme en lo hermoso de mi vida y en los regalos que he recibido. Dame la gracia para perdonar a otros de manera rápida y completa, y para seguir adelante con mi vida. Amén.

Seis verdades sobre la familia que he aprendido en el camino

El amor empieza en el hogar, y no se trata
de cuánto amamos, sino de cuánto amor
ponemos en nuestros actos.

—*Santa Teresa de Calcuta*

Muchas veces, la gente se me acerca con una versión de esta pregunta: "¿Qué crees que hicieron tus padres para mantenerlos juntos como familia?". Yo misma lo he pensado mucho, pues he querido asegurarme de que, en el futuro, mis cuatro hijos sean tan cercanos y estén tan interesados los unos en los otros como lo estamos mis hermanos y yo. Me parece que la respuesta está en algunas frases que solía decir mi madre y se me quedaron grabadas:

1. *Lealtad con la familia*. Mi madre solía insistir en esto y su vida era un ejemplo. Era devota de sus padres y sus hermanos. Trabajó con ellos, jugó con ellos y estuvo involucrada en sus asuntos.

2. ***Encuentra algo en lo que puedas colaborar con tus hermanos para hacer de este mundo un lugar mejor***. Mi madre hizo que mis hermanos y yo trabajáramos en Special Olympics, la organización mundial que creó desde nuestro patio trasero. No era una opción estar involucrado. También hizo que nuestros amigos participaran. En la actualidad, todos mis hermanos dirigen organizaciones sin fines de lucro. Trabajan diariamente para que el mundo sea un lugar más bondadoso, compasivo y consciente, y yo les ayudo en todo lo que puedo porque creo en lo que están haciendo, y porque intento involucrarme en las cosas en que ellos se involucran, como nos enseñó mi madre.

3. ***No te interpongas entre tus hermanos y sus esposas***. Un consejo realmente bueno. Tengo cuatro cuñadas. Las amo a todas y he intentado crear mis propios vínculos con ellas, manteniéndome al margen de sus relaciones con mis hermanos. (¡Al menos, lo intento!).

4. ***Apoya a la familia de tus hermanos y forja relaciones con sus hijos***. Todos podemos apoyar a nuestros hermanos apoyando emocionalmente a sus familias —en especial a los niños—, compartiendo con ellos nuestro tiempo, nuestra sabiduría y nuestra alegría. Es la siguiente generación, a la que transmitirás los valores de la familia.

5. ***Haz tiempo para estar con tus hermanos***. Reúnanse tanto como puedan. Mi madre solía decir: "Puedes pelearte con tus hermanos, puedes ganarles en el deporte (¡poco probable!), pero nunca te des por vencida con ellos o pierdas el contacto". También

decía: "Más que amigos, son familia. ¡Haz que las cosas funcionen!".

Y algo más que mi madre nunca me dijo. Lo descubrí por mi cuenta en el camino:

6. ***No descartes ni menosprecies sus experiencias.*** Tus hermanos tienen sus propias experiencias personales con tus padres y entre ellos. Escúchalos, intenta comprender por lo que pasaron y cómo se sintieron, y trata de ayudarlos a sanar de forma amorosa, suave, tranquila y solidaria. Descubrí que gritar, juzgar, alzar la voz e insistir en que "¡No, así no fueron las cosas!" jamás funciona, sobre todo entre hombres, cuando eres la única mujer. Y si alguno de tus hermanos te cuenta algo en confidencia, *no* se lo cuentes a los otros. Respeta la confidencialidad. Créeme.

En una ocasión, cuando mis hermanos y yo estábamos reunidos, uno de ellos me dijo con discreción, solo a mí: "¿Sabes?, creo que hoy en día los hombres están más atrapados que muchas mujeres". Estaba claro que quería que solo yo lo escuchara. Eso me convenció de que es bueno darles a tus hermanos seguridad y confianza para hablar. Solo escúchalos y luego abrázalos como hubieran hecho tu madre o tu padre, y conserva sus experiencias en tu mente y tu corazón. En resumen, donde sea que estén tus hermanos, llámalos, escúchalos y abrázalos. Los años y las experiencias compartidas son un tesoro.

Querido Dios: Con la vida increíblemente ocupada que llevamos en la actualidad, necesito encontrar formas de mostrarle a mi familia que es más importante que mi trabajo y otras cosas que consumen mi tiempo. Ayúdame a dedicarle tiempo personal a mis hermanos. Ayúdame a seguir forjando nuevos recuerdos maravillosos a partir de momentos dulces entre nosotros. Amén.

Todos tenemos problemas mentales, y está bien

La gente tiene miedo a hablar sobre ello, pero a lo que deberían temerle es a no hablarlo.

—*Príncipe Harry*

No hace mucho, tuve una conversación con un amigo que me dijo: "¿Sabes?, cada persona —incluyéndote a ti— tiene problemas mentales". Al principio me sorprendió su comentario; incluso me sentí insultada. Pero, tras reflexionar, me di cuenta de que tenía razón. Todos tenemos problemas mentales. Todos tenemos una mente y necesitamos mantenerla saludable. Por eso considero que la conversación que iniciaron el príncipe Harry y el príncipe William es muy importante y necesaria.

El príncipe Harry tuvo el valor de decirle al mundo que el duelo por la muerte de su madre, la princesa Diana, quien murió cuando él tenía doce años, trastornó su vida durante mucho tiempo. Dijo también que, finalmente, cuando se sintió cerca del colapso emocional, tras más de una década suprimiendo sus sentimientos, su hermano, el príncipe William, lo animó a buscar ayuda profesional, y así lo hizo. Harry necesitaba un lugar y un espacio en el que pudiera expresar sus sentimientos más profundos, sabiendo que se respetaría el compromiso de confidencialidad.

Agradezco que el príncipe William decidiera utilizar entonces su propia plataforma pública para hablar sobre cómo los golpes emocionales, el sufrimiento y el dolor pueden habitar la mente y el cuerpo de las personas, mucho después de que los problemas se hayan resuelto, generando tal vez estrés postraumático y otros problemas de salud mental. Estos dos jóvenes nos contaron cómo la impactante muerte violenta de su madre afectó profundamente sus vidas y, admitieron, ni siquiera lo habían hablado entre sí.

Habiendo crecido también en una familia pública que sobrevivió muchos eventos traumáticos —y en la que tampoco hablábamos de nuestros sentimientos con nadie, dentro o fuera de la familia—, me sentí liberada con sus revelaciones. Escuchar a dos hombres hablar valiente y abiertamente sobre la ayuda profesional que recibieron disminuye el estigma en torno a los problemas de salud mental. Cuando la gente pública utiliza sus plataformas para crear conciencia sobre un problema que debe ser tratado abiertamente, es un regalo para todos.

A mi manera, he intentado hacer lo mismo. El primer libro que escribí fue un cuento para niños sobre el duelo y la muerte, y las preguntas que nos hacemos sobre estos temas, antiguamente tabú. Cuando fui primera dama de

California, en mi conferencia de mujeres moderé un diálogo conmovedor sobre el duelo. Mi madre acababa de morir dos meses antes y yo estaba en medio de mi duelo y necesitaba hablarlo. Como madre, hablo abiertamente con mis hijos sobre los sentimientos y las emociones, pues aprendí las consecuencias de crecer *sin* hacerlo.

Los eventos transformadores afectan no solo nuestro corazón, sino también nuestro bienestar mental. Un mismo evento puede incidir de forma distinta en diferentes miembros de la misma familia. Es ingenuo pensar que todos podemos atravesar y superar las experiencias traumáticas, sin consecuencias a largo plazo. Mi amigo tenía razón. Todos tenemos problemas mentales. Eso no nos vuelve raros ni débiles. Nos hace humanos.

Así que, cuando alguien te diga que busques ayuda —ya sea por la muerte de un ser querido, el fin de un matrimonio, la pérdida de un trabajo, la ansiedad, la depresión o lo que sea con que estés lidiando—, sé compasivo y comprensivo. Después de todo, lo que el príncipe Harry dijo es profundo y revelador: solo necesitaba que alguien lo escuchara.

Querido Dios: Todos enfrentamos eventos transformadores, porque vivimos en un mundo donde suceden cosas terribles que resultan en grandes pérdidas. El shock, el sufrimiento y los golpes de la vida pueden traernos momentos de oscuridad y desazón profunda, incluso mucho tiempo después del evento original, pues somos humanos y vulnerables. Yo soy vulnerable. Gracias por llevarme hacia la paz y la esperanza en medio de mi quebranto. Ayúdame a no encerrarme en mí misma y a pedirle ayuda a la gente adecuada cuando la necesite. Y ayúdame a ser gentil y compasiva con los necesitados, a escuchar, apoyar y proteger. Amén.

Por qué dejar de insistir en que "yo puedo solo"

> Nadie se cura a sí mismo hiriendo a otro.
>
> —*San Ambrosio*

Cada vez que veo las noticias sobre el último atentado terrorista en el mundo, experimento una cascada de emociones. Siento conmoción. Siento ira. Siento miedo. Siento incredulidad de que esté sucediendo una vez más contra personas inocentes, amigos y aliados. Me siento horrorizada de que este sea el mundo en que vivimos. Sin embargo, respiro hondo y recuerdo que en el mundo hay muchas más personas buenas que malas, y que estos incidentes pueden sacar lo mejor de nosotros. No nos dejemos vencer por el miedo, como les gustaría a los terroristas. No corramos a escondernos y apartarnos de nuestros amigos. Es mejor unirnos.

Esos atentados me hacen pensar en nuestro país, nuestra política y mi propia vida. Quienes me conocen bien dicen que siempre he sido una persona fieramente independiente. Al ser la única mujer en una familia de hombres, siempre estuve decidida a trazar mi camino y a "hacerlo sola". Hace poco tiempo, le dije a uno de mis hermanos: "Me siento sola. Me gustaría contar con un poco de ayuda". Me paró en seco, diciéndome: "Maria, tienes mucha ayuda a tu alrededor. Siempre has tenido ayuda y apoyo. Debes darte cuenta de la ayuda con que cuentas, y solicitarla cuando la necesites".

Tenía razón. Como a muchos, pedir ayuda me saca de mi zona de confort. Me hace sentir vulnerable. Me gusta ayudar, no pedir ayuda. Prefiero la ilusión de invulnerabilidad. Pero he seguido fielmente el consejo de mi hermano y, últimamente, he pedido mucha ayuda en mi trabajo con los pacientes de Alzheimer. A mis parientes les he pedido que acudan por mí a eventos en otras ciudades a los que no he podido ir. A las empresas les he pedido dinero y apoyo. A los investigadores les he pedido que compartan sus conocimientos. He pedido, pedido y pedido.

Nunca es fácil pedir ayuda, ya sea para una causa como combatir el Alzheimer o para uno mismo cuando necesita que alguien lo escuche y le de apoyo. Si eres como yo, al hacerlo sientes que renuncias a la ilusión de invulnerabilidad, pero eso es lo que es: una ilusión. Pedir ayuda requiere fuerza. Debes ser fuerte para salir de tu zona de confort y ser humilde. Yo aprendí no solo a pedir ayuda, sino también a recibirla. (Tengo que trabajar todavía en la parte de recibir, pero estoy en ello). También aprendí que puedo pedir ayuda, ser rechazada y sobrevivir. Aprendí que puedo contar con mi familia. Ya lo sabía en mi interior, pero pedirles ayuda es algo nuevo para mí. Aprendí que mis amigos son de los que te dicen: "solo dime qué necesitas". Sin ellos, estaría sola, y he descubierto que esa es una situación difícil. Estoy aprendiendo que hay muchas personas a mi alrededor que están más que dispuestas a ayudarme. Solo debo formular lo que necesito y, luego, detenerme para expresar mi gratitud por la ayuda recibida. Expresar gratitud, amigos, es la clave.

Comparto mi experiencia porque, quizás, al igual que yo, crees que pedir ayuda y recibirla no es tu fuerte. Si eres de las personas que "lo hacen solas" y temen pedir ayuda, créeme: esa actitud es aislante, abrumadora y, sobre todo, insostenible. Y, muchas veces, ¡no es cierto! A menudo, cuando me he enorgullecido al pensar que he hecho algo yo sola, no ha sido cierto. He aprendido que nunca he logrado hacer nada de valor sin haber obtenido ayuda de otros.

Intenta calmar al niño ansioso que hay dentro de ti y que te dice que no tienes a nadie que te ayude, que estás completamente solo. Intenta abrir tu corazón y sentirás cosas que no percibiste antes. Sí, algunos sentimientos pueden ser dolorosos, pero es mejor saber que eres capaz de sentir antes que caminar entumecido por la vida.

Eso me trae de vuelta a nuestro país. Pese a toda nuestra libertad e independencia, Estados Unidos de América ha sido más fuerte y mejor cuando ha estado insertado en una comunidad global donde hablamos con otros, escuchamos a otros, incluimos a otros y les pedimos ayuda a otros. Ser parte de algo más grande que nosotros mismos abre nuestra mente y nuestro corazón.

Como siempre nos recuerda el Papa Francisco, todos compartimos un hogar común, nuestro planeta, y cuidarlo es responsabilidad de todos. Todos compartimos el anhelo común de pertenecer, ser percibidos y aceptados. Todos compartimos el deseo común de amistad, apoyo y ayuda. Creer que podemos hacerlo solos —como individuos o como país— es una ilusión. Nadie hace nada solo. Es lo que he aprendido. Lo sé en lo más profundo de mi corazón.

Sé lo suficientemente fuerte para pedir ayuda. Sé lo suficientemente vulnerable para compartir tus necesidades y deseos. Y, cuando alguien te ayude a llevarlos a cabo, sé lo suficientemente valiente para darle las gracias. Porque hacerlo solo es tan... tonto, tan anticuado y tan obsoleto. ¡Modernízate! Pide ayuda. Y eso aplica no solo a las personas, sino también a las comunidades. Sé que lo necesito, y también lo necesitan nuestros amigos alrededor del mundo, especialmente aquellos que son atacados. Ábrete al hecho de brindar ayuda, ten la disposición de pedirla y ten el valor de ser agradecido por ella y la generosidad para ofrecerla.

Querido Dios: Nuestra cultura exalta a las personas que aparentan ser fuertes e independientes, que trazan su propio curso y pavimentan su camino, y que "lo hacen solos". Pero la verdad es que nadie hace nada solo realmente, e intentarlo es abrumador, aislante y agotador. Yo lucho contra la debilidad, los inconvenientes y las carencias y, sin embargo, me resisto a pedir ayuda.

Por favor, enséñame a ser humilde y a cultivar la práctica de pedir ayuda a otros y a ti. Abro mi corazón para recibir y dar ayuda, y pido tu perdón por las veces que intenté resolver todo por mi cuenta. Amén.

Buscar la luz entre las grietas

> Lo más importante en la vida es aprender
> cómo dar amor y dejarlo entrar.
> —*Morrie Schwartz*

Mientras el ruido de los noticieros cada vez se vuelve más ensordecedor, mezquino, confuso, disgregador, violento y doloroso, intento ver a través de las grietas. Sí, las grietas. Como el cantautor Leonard Cohen escribió en "Anthem", "Hay una grieta en todo. Por ella entra la luz".

Últimamente he decidido mirar más allá de las noticias matutinas que consumo, en busca de lo bueno —la luz, el amor y la verdad— que se cuela a través de las grietas. Sorpresivamente, no tengo que buscar muy lejos, pues encuentro luz, amor e integridad adondequiera que miro. Así es. Escucho canciones de amor. Leo sobre conciertos que celebran la unidad y marchas a favor de la tolerancia y la comprensión. Conozco gente que se dedica a ayudar a su comunidad y ser útil a la humanidad.

Intento no prestar atención a los adultos que cotidianamente se insultan en las redes sociales y la televisión.

Desvío mi atención de quienes, en Washington, D.C., parecen deleitarse en batallas de "él dijo/ella dijo", mientras millones de conciudadanos atraviesan dificultades, viven en vecindarios peligrosos, van a escuelas inseguras, luchan para que les alcance el sueldo mes tras mes, y viven con el temor de perder la asistencia social o cualquier otro servicio necesario.

Por supuesto, todavía sigo las noticias. Soy periodista y ciudadana, y quiero estar informada. Pero no quiero sufrir con nuestra política y nuestro diálogo nacional. Elijo enfocarme en los ejemplos de amor que refuerzan mi creencia en la humanidad. Eso me inspira a trabajar más, a hacer más y a enfocarme en la esperanza todavía más.

Sé que la palabra *amor* se utiliza mucho, y yo misma he tenido problemas con ese sentimiento a lo largo de mi vida, ¡pero sigue siendo mi palabra de cuatro letras favorita! Gracias a Dios, sé lo que es ser amado. Agradezco a Dios la oportunidad que nos ha dado a todos de difundir amor, porque sé que se trata de la conexión curativa y unificadora que buscamos. Sin embargo, parece esfumarse fácilmente. ¿Por qué? ¿Por qué es a veces más difícil demostrar amor que mezquindad? ¿Por qué el maltrato, la fanfarronería y la sed de poder tienen muchas veces precedencia sobre el amor? ¿Por qué tan pocos líderes hablan sobre el amor? ¿Por qué tan pocos líderes lo exhiben en la palestra pública para que seamos testigos? ¿Es que ser amoroso se considera una debilidad o delicadeza? No lo es. Como dijo en una ocasión mi amiga Elizabeth Lesser, el amor es un concepto muscular. Se requiere fuerza para dar amor y recibirlo. Se necesita fuerza para buscar el amor y volverlo un valor angular en tu vida.

No sé tú, pero yo me cansé de la mezquindad, la negatividad y la farsa. Estoy cansada de los líderes que amenazan o intimidan. No quiero líderes sin inteligencia emocional. No quiero líderes a quienes les asusta siquiera hablar de amor, mucho menos dirigir con amor. No los quiero y no temo decirlo.

La buena noticia es que al mirar entre las grietas podemos descubrir líderes que guían con amor y tienen las agallas para decirlo. Están ahí y son ellos, no los gritones, quienes tienen fuerza. Así pues, conciudadano, si tienes amor en tu corazón, levántate y sal a la luz. Tú eres lo que el mundo necesita, ahora más que nunca. El amor es el arma más poderosa en el planeta. Imagina si todos decidiéramos dirigir con ella. Como dijo Martin Luther King, Jr.: "Empataremos vuestra capacidad de infligir sufrimiento con nuestra capacidad de soportar el sufrimiento [...] Hagan lo que quieran con nosotros y aún los amaremos".

Imagina si todos habláramos desde ese escenario. Imagina si todos interactuáramos desde ese escenario. Imagina si nos acercáramos unos a otros con amor, luz y sinceridad. Podemos hacerlo. Solo es cuestión de dejar que el amor se eleve hasta la cima y dirigir con él. Necesitamos que nuestros líderes dirijan con él. El amor es nuestra mejor defensa y la única forma de hacer que todo este ruido se disipe en un segundo plano.

Querido Dios: Gracias por ser el Dios del amor y porque tu amor es la luz que brilla en esta oscuridad actual. Que brille en mi corazón y me dé la fuerza y compasión necesarias para amar a los otros como tú lo haces. En la Tierra no existe un arma o un instrumento de cambio más poderoso que tu amor. Amén.

Una persona puede tener un gran impacto en ti

> Tengo una vida y una oportunidad para hacer algo bueno con ella [...]. Mi fe demanda que haga todo lo posible, donde quiera que esté, cuando pueda, durante el tiempo que pueda, con lo que tenga, para intentar lograr el cambio.
>
> —*Presidente Jimmy Carter*

Una persona puede cambiar tu vida. El Papa Francisco cambió la mía. Hace mucho tiempo, me hice periodista porque quería cubrir noticias que inspiraran a la gente. He cubierto muchos grandes eventos en mi carrera y he entrevistado a mucha gente, pero cubrir la visita del Papa Francisco a Estados Unidos fue, sin dudas, uno de los momentos más importantes. No lo entrevisté y nunca le di la mano, pero mientras lo seguía y cubría su viaje, sus palabras tocaron mi corazón y encendieron mi espíritu. Las sentí en lo más profundo de mi alma. Cada sermón, cada discurso que dio, me conmovieron un poco más. Cuando habló en el monumento al 9/11, en el estudio de NBC News se hizo silencio. Todos nos quedamos paralizados mientras hablaba del dolor, el recuerdo y el poder del amor. Lo escuché leer la oración de San Francisco y las bienaventuranzas, y lloré. Vi cómo otros líderes de distintas fes, a su lado, hablaban sobre su verdad. Pensé en la forma en que vivo mi vida.

Más adelante, cuando el Papa le habló al Congreso sobre la regla de oro, pensé en su mensaje y en lo bien que lo vivo. Cuando nos instó a ser útiles, me examiné a mí misma y supe que podía mejorar. De hecho, durante la semana que duró su visita estuve examinando mi vida. Reconsideré el poder, el éxito, el dinero, la alegría, el trabajo y el amor. Todavía pienso en el poder de su llamado a los estadounidenses para que adoptaran "una cultura en la que prime el cuidado —hacia uno mismo, hacia los otros y del medioambiente— en lugar de una cultura de desperdicio y desecho". Caramba.

El Papa Francisco nos enseña que todos compartimos un hogar común, que debemos cuidar, respetar, amar y honrar. Nos estimula a abrir los ojos y el corazón a nuestros vecinos, sobre todo a los menos privilegiados y más cercanos a nosotros, de quienes no queremos tener conciencia. Nos reta a que ayudemos a hombres y mujeres reales a salir de la extrema pobreza. Nos dice que: "Para permitirles escapar de la pobreza, debemos permitirles ser agentes de su propio destino". Me encanta eso. Cada uno de nosotros debe tener los medios para ser agente de su propio destino. Amo a ese hombre. Me encanta la forma en que habla, la sabiduría que comparte y la forma amable, aunque fuerte y clara, en que nos pide más.

Creo profundamente que el mundo anhela ser bueno,

ser mejor y hacer cosas mejores que las que hacemos en la actualidad. Creo en la bondad de la gente y en su amabilidad. La encontré en todas partes mientras seguía al Papa por todo Estados Unidos. Creo que todos los que lo escuchamos —cualquiera que fueran nuestras creencias religiosas— sentimos que nos hablaba directamente, y eso nos hizo sentir validados y reconocidos. Todos compartimos el deseo común de ser comprendidos, amados, aceptados y tratados como si importáramos. No necesitas conocer a un gran líder en persona ni hablar con él en privado para que te transforme. Un gran líder comunica, escucha, siente tu dolor y trabaja para volverlo soportable. Un gran líder enciende tu corazón, te inspira a querer ser una persona mejor. Un gran líder puede sanar.

"Recen por mí", les dice el Papa Francisco a quienes conoce en su camino, y añade: "Quienes no creen, espero que me deseen el bien". Ojalá todos busquemos en nuestro interior y encontremos la fuerza para desearnos el bien. Es tan sencillo y tan profundo. ¡Es tan Papa Francisco!

En Filadelfia, el Papa contó la historia de Santa Katharine Drexel, de Pensilvania, quien le contó al Papa León XIII en una audiencia privada en 1887 los retos que enfrentaban los nativoamericanos y los afroamericanos de su país, y le pidió que enviara misioneros católicos para ayudarlos. El Papa le preguntó: "¿Y tú? ¿Qué vas a hacer tú?", y la hizo pensar en cómo podía contribuir a la Iglesia, llevándola a tomar la decisión de cambiar su vida. Tomó los hábitos, fundó la orden de las Hermanas del Bendito Sacramento y dedicó su vida a abogar en contra de la injusticia racial y a ayudar y educar a los nativoamericanos y afroamericanos. El Papa Juan Pablo II canonizó a Santa Katharine Drexel en el año 2000.

"¿Y tú? ¿Qué vas a hacer tú?" son preguntas muy profundas. ¿Qué podemos hacer tú y yo para mejorar nuestras comunidades y volverlas más compasivas, amables y cariñosas? ¿Qué podemos hacer para cuidar nuestro hogar común? Como dijo el Papa Francisco, depende de cada uno de nosotros el que nos convirtamos en líderes. Depende de cada uno de nosotros el que caminemos por el mundo con humildad, ternura y respeto por los demás. Y es aún más importante hacer eso, dijo, si ocupas una posición de poder.

Le agradezco al Papa Francisco que nos guíe con humildad, sencillez, empatía y amor. Y así como lo quiso, rezo por él. Rezo por el Papa Francisco y rezo por ti. Por favor, reza también por mí. Amén.

Querido Dios: Ayúdame a responder con seguridad el llamado para ayudar a hacer de este mundo un lugar mejor, siendo cariñosa, tierna y respetuosa con los demás. Ayúdame a ser la mejor versión de la persona que estoy destinada a ser. Amén.

Los hombres y la bondad

El amor y la bondad nunca sobran. Siempre
logran el cambio. Bendicen a quien los recibe
y te bendicen a ti, el que los da.

—*Barbara de Angelis*

E l amor y la bondad son los principios fundamenta-
les de la sociedad en que quiero vivir. Creo que la
bondad es una de las cualidades más importantes
que podemos tener. Es lo que nos abstrae de los gritos y
la negatividad que caracterizan nuestra atmósfera actual,
que es cualquier cosa menos amable. Pero la bondad no
es solo un principio fundamental, un ideal y una meta.
Creo que debería ser la principal forma de relacionar-
nos unos con otros. ¡Y no hablo solo de las mujeres!
No deberíamos considerar la bondad como un atributo
positivo solo de las mujeres. Es también un atributo de
hombres admirables: hombres admirables y fuertes. Pues
requiere gran fuerza —quizás, particularmente, si eres
hombre— tener suficiente estima de uno mismo para
mostrarse al mundo como una persona bondadosa y
cariñosa. Muchos hombres piensan que, si son bondadosos, serán pisoteados. Pero se necesita fortaleza para

estar seguro de uno mismo y no terriblemente mortificado y temeroso de que la gente vaya a pensar que uno es débil o pusilánime porque es bondadoso.

Todos —y me refiero a todos— los hombres verdaderamente fuertes que he conocido en mi vida son bondadosos. No creen, equivocadamente, que la crueldad, el desinterés o la frialdad son sellos distintivos de la masculinidad. Se consideran lo suficientemente hombres como para ser amables con los demás. Los padres bondadosos crían hijas e hijos fuertes que se sienten bien consigo mismos.

Los tiempos están cambiando. Ser un buen padre es aceptado como un atributo de los hombres buenos. Cuando salgo a caminar, veo hombres empujando coches de bebés, cargando bolsas de pañales y asistiendo en cantidades nunca antes vistas a los eventos escolares y partidos deportivos de sus hijos e hijas. Escucho a los hombres hablar de su inteligencia emocional. Los escucho hablar de sus hijos y de cómo quieren estar más involucrados en sus vidas y, sí, ser más amables.

Por eso, quiero hacer énfasis en los hombres que abierta y honestamente comparten sus experiencias como padres, lo que aprendieron de sus propios padres y cómo usan lo aprendido para ayudar a otros. Quiero poner énfasis en los padres que lideran desde una posición de fuerza: la bondad.

*Fórjame un hijo, Señor, cuyo corazón sea limpio,
cuya meta sea alta; un hijo que se domine a sí mismo
antes de querer dominar a otros hombres; uno que*

*vea hacia el futuro, mas nunca olvide el pasado. [...]
Dale humildad para que siempre pueda recordar la
sencillez de la verdadera grandeza, la mente abierta de
la verdadera sabiduría y la debilidad de la verdadera
fuerza.*

—General Douglas MacArthur

Un mensaje de mi madre
que siempre atesoraré

El amor es la fuerza más poderosa del
mundo, y la más humilde.

—*Mahatma Gandhi*

He intentado desesperadamente deshacerme de muchas de las cosas que he acumulado a lo largo de los años. Mi meta: conservar solo las que me provocan alegría. Empecé con los libros. Me encantan los libros. Los examino uno a uno y los separo en pilas: conservo este, dono aquel. De pronto, descubro un libro dedicado por mi madre. En el transcurso de mi vida recibí muchos, muchos libros de mi madre. Pero esa dedicatoria, que nunca había visto ni leído, me paró en seco y me hizo llorar. ¿Por qué? Porque su verdad me golpeó:

> To Maria,
> Only in
> Heaven will
> I love you
> more.
> Mother
> april 1999.

Para Maria.

Solo en el Cielo te amaré más.

Mamá

No tengo dudas de que mi madre me amó aquí en la Tierra. Pero era tan dura, tan implacable y tan decidida, que te mostraba su amor impulsándote a avanzar. No tengo duda alguna de que quería amarnos a todos de una manera más gentil, pero no sabía cómo. No la criaron de esa manera. Cuando leí su mensaje al pasar los años, escrito de puño y letra, pude ver la verdad: puede amarme más desde el Cielo porque allí es libre para amar de otra manera.

No pasa un día sin que extrañe a mi madre, sin que quiera hablar con ella sobre algo. Encontrar ese libro y su mensaje me hace sentir conectada con ella de una manera profunda y hermosa. Le quita el filo al dolor. He escrito bastante sobre el duelo, intentando darle sentido. De hecho, como he dicho, el primer libro que escribí fue un cuento para niños sobre el duelo, la muerte, la perdida, el Cielo y las preguntas que los niños tienen al respecto. Son las mismas preguntas que tenemos los adultos. Sin embargo, no siempre creamos un espacio para hablar abiertamente sobre el dolor en la edad adulta. El duelo es una experiencia personal. Es un viaje hacia lo desconocido, hacia la fe, hacia el dejar ir y hacia la aceptación. Es duro.

Pero aquí estoy, en el amplio espacio que se ha creado para hablar al respecto gracias a que abrí un libro que tenía guardado. Un libro que tenía un mensaje que desconocía y necesitaba escuchar, un mensaje de amor de parte de mi madre que había estado en mi casa todo este tiempo. Ese mensaje se encuentra ahora en mi corazón, para siempre.

Estoy agradecida por haber empezado a acomodar mis cosas y por haber revisado cada libro antes de decidir cuáles donar. Si no lo hubiera hecho, me habría perdido uno de los mensajes más profundos que alguien me ha dado en la vida: que soy amada, tanto en la Tierra como desde el Cielo.

Querido Dios: Gracias por los regalos inesperados de amor que están a mi alrededor. Espero estar abierta para encontrarlos, verlos y dejar que entren en mi corazón. Amén.

En paz con tus decisiones

La vida está llena de decisiones difíciles, y
nada las facilita. [...] Prueba, confía, prueba,
confía de nuevo y, al fin, sentirás que tu
mente se abre hacia un nuevo nivel de
entendimiento.

—*Martha Beck*

Fui educada y moldeada en muchas cosas por las hermanas católicas y los jesuitas. El Papa Francisco es una de las personas que más admiro en el mundo, no solo por ser jesuita, sino por la forma en que predica con el ejemplo, vive su vida, dice lo que piensa y abraza el cambio.

Cuando tienen que tomar decisiones difíciles o enfrentar cambios trascendentales, los jesuitas siguen un proceso que los ayuda a encontrar la respuesta. Creado por San Ignacio de Loyola, el fundador de los jesuitas, se llama *proceso de discernimiento*, y paso a paso te guía hasta llegar a la mejor decisión para ti.

A algunos, las buenas decisiones se les dan con más facilidad que a otros. Otros toman las decisiones rápidamente. Otros se la pasan meditando, sopesando los pros y los contras. Algunos tienen en cuenta las opiniones y los sentimientos de demasiadas personas (esa soy yo). Pero hay quienes, simplemente, saben cómo discernir, deliberar y decidir.

Quiero hablar del proceso de discernimiento porque tomar grandes decisiones es difícil para todos, y he hablado con muchas personas que me han dicho que actualmente se enfrentan a algunas. Entonces, pensé, ¿por qué no tomar una página de los jesuitas y seguir su antigua fórmula, probada y comprobada? Yo misma la he usado para tomar decisiones en el pasado, y recientemente la he vuelto a utilizar para tomar otras nuevas.

La próxima vez que no sepas qué decisión tomar, busca en Google los pasos del proceso de discernimiento de los jesuitas y pruébalo. Tal vez te ayude a encontrar claridad y paz. A mí me resulta esclarecedor y útil cuando alguna inestabilidad en mi vida me provoca indecisión. El proceso incluye pasos como los siguientes:

- Identifica la decisión a tomar o el problema a resolver.

- Formula el problema como una propuesta.

- Reza por apertura y libertad.

- Recaba toda la información necesaria.

- Discute el asunto con alguien sensible a tus valores.

- Repite el tercer punto.

- Este me parece muy útil: Observa adónde te lleva tu propia voluntad (tu deseo) mientras reflexionas sobre las ventajas y las desventajas.

- Confía en Dios y toma tu decisión, incluso si no estás seguro.

- Vive durante un tiempo con la decisión que tomaste, para ver si tus pensamientos, deseos y sentimientos siguen sustentándola. Si no, repite el proceso.

Discierne. Decide. Vive en paz con tu decisión y permite que otros hagan lo mismo.

Querido Dios: Yo lucho con la toma de decisiones. Me preocupa equivocarme, así que me paralizo y no decido nada. Por favor, ayúdame a cambiar eso. Ayúdame a tomar decisiones activamente y dejar los resultados en tus manos. Sé que, sin importar lo que suceda, tú me ayudarás. Amén.

Por qué necesitamos tiempo para pensar y reflexionar

Tienes que ir hacia lo interno si quieres ser eterno.

—*Sargent Shriver*

Recientemente, aprendí algo en dos conversaciones distintas que nunca olvidaré. Tanto el gobernador de California, Jerry Brown, como el antiguo secretario de Estado, George Shultz, me contaron lo importante que había sido en su vida y su carrera disponer, durante sus días más ocupados, de un tiempo en el que nadie los interrumpiera: tiempo para ser, para pensar y para reflexionar. Cada uno me contó lo difícil que era salvaguardar ese tiempo a solas, pero también lo vital que había sido para su forma de pensar y su capacidad para crear y liderar. Me encantó ese consejo, simple pero profundo. Sin importar lo ocupado que estés, haz tiempo en tu día para estar en calma, estar presente, pensar y reflexionar.

Agradezco haber escuchado ese consejo justo antes

de subirme a un escenario a hablar, porque me ayudó a estar presente, a concentrarme en el momento, a asimilar lo que estaba sucediendo realmente, en el momento en que sucedía. Mientras estaba sentada en el escenario, de cara al público, me sobrecogió una gratitud por mis padres, por mi familia y por todos los que han influido en mi vida. Son muchas las personas que me han ayudado y que me siguen ayudando de diversas maneras. Estar presente también me permitió asimilar el amor que he disfrutado en mi vida y el que me demostraron esa noche. Me abrí a él y se sintió hermoso. Y, dado que estuve presente, fue un momento que nunca olvidaré. Cuando regresé a mi hotel, me hice una promesa. Juré crear más tiempo libre en mis días. Más tiempo para pensar, para soñar, para estar en calma. Simplemente, para ser, de modo que pueda estar más presente en mi propia vida.

Creo que vivimos un momento único en nuestro mundo acelerado y cambiante. Creo que nuestro mundo necesita que estemos más presentes y más tranquilos; que seamos más reflexivos y más creativos. Si todos nos esforzamos por separar un espacio en nuestra vida diaria para eso, no me cabe duda de que las interacciones entre nosotros serían distintas. Veríamos de manera diferente, escucharíamos de manera diferente y contemplaríamos cosas distintas. No dudo de que viviríamos nuestra vida de otra forma, hablaríamos de otra forma y, quizás, ayudaríamos a que nuestro país avance como queremos. Vale la pena pensarlo, meditar sobre ello y estar presente para verlo.

Querido Dios: Ayúdame a hacer tiempo cada día para estar sola contigo y dejar fuera todo lo demás que no sea tu presencia. Ayúdame a experimentar tu presencia en mi vida y a escuchar tu voz en mi corazón. Amén.

Día de las Madres, todos los días

La mejor manera de encontrarte a ti mismo
es perderte en el servicio a otros.

—atribuido a Mahatma Gandhi

S iendo madre he aprendido que la maternidad
requiere trabajo, reflexión y energía, 24/7. Requiere
que seas gentil y dura, amable y fuerte, paciente e
incondicionalmente amorosa, y que hagas todo eso sin
permitir que nadie te pase por encima. Y, si tienes más
de un hijo, requiere que te adaptes y seas creativa, porque no son iguales (¡ni siquiera los gemelos, por lo que
he escuchado!) y no puedes criarlos exactamente de la
misma manera. Lo que funciona para uno, no siempre
funciona para el otro.

Sin embargo, hoy quiero ir más allá de mi propia
experiencia personal con la maternidad y enfocarme
en lo que considero que el mundo en general anhela en
este momento. Se trata, en pocas palabras, de Maternidad, con mayúscula, en grande, a gran escala. ¿A qué
me refiero? A que me parece que todos los hijos de este
mundo —jóvenes y viejos— buscan ser amados, acepta-

dos, protegidos, consolados y atendidos por una energía materna.

Las madres realmente buenas son buenas líderes porque cuidan, construyen un equipo sólido, ven tu potencial y alimentan tus puntos fuertes en lugar de tus miedos. Te inspiran, te guían y te exigen. Además, son fuertes, así que no deberías atravesarte en su camino.

Me encantó que el presidente de Francia dijera en su discurso de aceptación del cargo que gobernaría con humildad, devoción y determinación, y que "serviría con amor". Es lo que hacen las madres todos los días. Noche y día, sirven con humildad, devoción, determinación y amor. Ojalá todos nos demos cuenta de que la maternidad es una tarea de nivel presidencial, que si se hace correctamente puede llevar a una familia, una nación o un mundo a alcanzar su más alto potencial.

Por eso, no deberíamos honrar la maternidad como el trabajo más difícil del mundo solo el Día de las Madres. Es un trabajo que merece nuestro respeto, devoción y amor todos los días. La maternidad es un trabajo muscular. Se necesitan cojones.

Querido Dios: Dijiste que tu Hijo vino a la Tierra para servir a todos los hijos de este mundo, jóvenes y viejos. Los amó, aceptó, cuidó, calmó y protegió de la mejor forma. Yo también quiero servir con amor. Ayúdame a ser gentil y fuerte, y a decir palabras que animen, no que derrumben; que construyan la confianza y la fuerza. Ayúdame a ser paciente y amar a los otros incondicionalmente. Por favor, toma mis simples actos de servicio y transfórmalos en algo influyente y significativo que pueda impulsar y ayudar a los demás. Amén.

Todos estamos juntos en esto

Toda nuestra humanidad depende del
reconocimiento de la humanidad de los otros.
—*Arzobispo Desmond Tutu*

La noticia del día es pocas veces simple y/o gran-
diosa, pese a cuánto nos gustaría que lo fuera. Me
parece que las personas preferirían blanco versus
negro, bien versus mal, pero rara vez sucede así. Inter-
pretarás las noticias según lo que hayas experimentado
en la vida. Tú y yo podemos ver la misma fotografía, leer
la misma historia o escuchar el mismo discurso, y aun así
tener visiones completamente distintas de lo que se dijo
y lo que significa.

Estoy conectada contigo y, sí, estás conectado conmigo. Compartimos el mismo planeta. Respiramos el
mismo aire. Por tanto, debo esforzarme por tratarte
de la misma manera en que me trato a mí misma. Lo
que quiero para mi familia es lo que debería querer
para la tuya, sin importar tu religión, el color de tu
piel, tu género, tu orientación sexual o tu afiliación
política. Anhelo la desaparición de las etiquetas que
usamos para identificarnos, detrás de las cuales sole-

mos escondernos, pues parecen alejarnos en lugar de unirnos.

De modo que, mientras debatimos acaloradamente la noticia del día —que nos inunda con imágenes de gente implorando ayuda—, espero que nos detengamos a recordar que todos estamos juntos en esta enorme familia llamada raza humana. Nuestro futuro depende de que contemplemos nuestra humanidad común y encontremos formas de elevarla e impulsarla hacia un lugar mejor. No estamos aquí para destruirnos unos a otros, sino para vincularnos y ayudarnos.

Esta semana he estado pensando en el poder de la oración. Creo en él porque lo he visto funcionar de primera mano. De hecho, ahora mismo soy parte de un círculo de oración por una amiga que está luchando contra el cáncer, y sé que es efectivo porque todavía está aquí, corriendo, trabajando y luchando por la justicia social.

Yo rezo cada mañana y cada noche para calmarme, guiarme, enfocarme, expresar gratitud y conversar con Dios. Rezo por mí, por mis hijos, por mis amigos y, sí, por aquellos a quienes intento comprender mejor, e incluso por quienes no comprendo porque ven las cosas de una forma distinta. Seguiré orando por todos nosotros y por nuestra humanidad compartida. Está ahí para que nos demos cuenta de ella. Solo debemos abrir los ojos, la mente y el corazón, y dejarla entrar.

Querido Dios: Cuando mis problemas parecen abrumadores, confío en que resuelvas lo que yo no puedo. Elijo fijar mi mirada en ti y confiar en tu gran poder. Sé que nada sucederá fuera de tu control y tu conocimiento. Enséñame a encontrar santuario en tu presencia, a seguirte un día a la vez y a dar los pasos que me llevarán a superar los retos que enfrento. Amén.

"Somos aquellos por quienes
hemos estado esperando"

Una persona puede lograr el cambio, y todos
deberían intentarlo.

—*Presidente John F. Kennedy*

He intentado dedicarle menos tiempo a las preocupaciones y más a reflexionar. No solo sobre lo
que fue, sino sobre cómo quiero que transcurra
mi vida en el futuro. Sé que quiero avanzar con esperanza, con fe, con convicción, pasión y propósito. Sé que
quiero usar mi voz, claramente y con seguridad, en favor
de la gente y los asuntos que me importan. Quiero usar
mi voz para ayudar a entender la bella mente humana y la
razón por la que tantas se pierden a causa del Alzheimer.
Esa enfermedad está arrasando con muchas de nuestras
madres, hijas, hermanas y hermanos, padres y, en general, familias, en el plano económico, emocional, físico y
espiritual. Creo firmemente que, sin embargo, podemos
arrasar con esta enfermedad desquiciante, y no descan-
saré hasta que así sea. Creo que es lo que me toca, si
quiero hacer de este mundo un lugar más cariñoso, cons-

ciente y compasivo. No me descorazona la enormidad del reto. Me emociona, pues creo que la meta es alcanzable.

Tengo colgado en la pared de mi oficina un poema, y cada vez que lo leo me inspira profundamente. Me inspira a actuar, me da un sentido de urgencia y les habla a mi corazón y a mi mente. Se le atribuye a un anciano de la tribu hopi, en Arizona, y está dirigido al líder que habita en cada uno de nosotros. Habla sobre el poder del individuo, la necesidad de encontrar una comunidad y la urgencia del Ahora. Nos reta a no quedarnos sentados esperando a que alguien nos impulse hacia adelante:

Un anciano hopi habla

"Has estado diciéndole a la gente que esta es la Onceava Hora.

Ahora debes volver y decirle a la gente que es la Hora.

Y hay cosas que considerar [...]

¿Dónde vives?

¿Qué estás haciendo?

¿Cuáles son tus relaciones?

¿Tu relación es correcta?

¿Dónde está tu agua?

Conoce tu jardín.

Es tiempo de decir la Verdad.

Crea tu comunidad.

Sean buenos unos con otros.

Y no busques al líder fuera de ti mismo".

Luego juntó las manos, sonrió y dijo: "¡Este puede ser un buen momento!

"Hay un río fluyendo veloz ahora. Es tan grande y raudo que hay quienes tendrán miedo. Intentarán aferrarse a la orilla. Sentirán que los desgarran y sufrirán enormemente.

"Debes saber que el río tiene su destino. Los ancianos dicen que debemos soltarnos de la orilla, impulsarnos hacia la mitad del río y mantener los ojos abiertos y la cabeza afuera del agua. Y yo digo, mirar a quien esté ahí contigo y celebrar. En este momento histórico, no debemos tomar nada personalmente, mucho menos a nosotros mismos. Cuando lo hacemos, nuestro crecimiento espiritual y nuestro viaje se detienen.

"Se terminó el tiempo del lobo solitario. ¡Únanse! Destierren la palabra *lucha* de su actitud y su vocabulario. Todo lo que hagamos ahora debe ser de una manera sagrada y en celebración.

"Somos aquellos por quienes hemos estado esperando".

—*atribuido a la nación hopi*
Oraibi, Arizona

Así pues, si en este momento de tu vida te encuentras reflexionando sobre lo que fue y lo que es, sigue el consejo del anciano hopi. Di tu verdad. No tomes nada personalmente, y menos a ti mismo. El tiempo del lobo solitario se terminó. Este es el momento. Somos, de hecho, aquellos por quienes hemos estado esperando.

Algo en qué poner atención más allá de tus labios, tus muslos y tus ojos

Aunque nadie pueda volver atrás y comenzar de nuevo, cualquiera puede comenzar ahora y crear un final nuevo.

—*Carl Bard*

No me interesa con qué te vistes, cuánto gastas en maquillaje o pestañas, si te hiciste cirugía plástica o si quieres hacerlo en el futuro. No me interesa si estás divorciado, si dejaste de trabajar para criar a tus hijos o si has trabajado como un loco toda tu vida. No me interesa si eres demócrata, republicano, independiente, verde o si prefieres no dar esa información. No me interesa cuál es tu trabajo, cuánto ganas o a quién conoces o no conoces. No me interesa si eres católico, budista, judío, protestante o ateo; si te identificas como hombre o como mujer; si eres homosexual, heterosexual u "otra" categoría; si eres negro, blanco, color café o ninguno de los anteriores. Realmente, no me interesa.

Me interesa tu mente, y quiero adentrarme en ella. Y me interesa no solo durante el mes de la concientización de la salud mental, aunque la salud mental también me interesa profundamente, sino porque quiero ayudarte a proteger tu mente para que dure toda una vida.

Cada sesenta y seis segundos, un nuevo cerebro desarrolla Alzheimer. Dos tercios de esos cerebros pertenecen a mujeres, y nadie sabe por qué. Para mí, y espero que para ti también, eso es inaceptable. He asumido como misión el descubrir por qué el Alzheimer le roba la mente a tanta gente —¡a tantas mujeres!—, en la plenitud de sus vidas. He visto el azote de esta enfermedad de cerca, en mi propia familia, y no quiero que tú pierdas tu mente o veas a un ser querido perder la suya. Confía en mí, es un proceso verdaderamente enloquecedor.

El Alzheimer es la crisis de salud más costosa que enfrenta nuestro país, y debemos detenerla. Podemos hacerlo financiando la investigación necesaria para comprender mejor esa devastadora enfermedad.

Mi madre siempre me taladró la cabeza con la importancia de desarrollar mi mente. Decía: "Maria, tu belleza se irá, pero, si desarrollas tu cerebro, este durará tanto como tú y logrará el cambio en tu vida". Así que, si bien intento lucir bien tanto como pueda (ja ja), me interesa más desarrollar mi capacidad mental... y la tuya. Ambas me interesan profundamente. La mente es algo que todos tenemos en común. Juntos podemos salvarla.

Querido Dios: Por favor, guíame hacia una mejor salud, comer bien, hacer ejercicio, aprender más y socializar. Sostén mi vida en tus manos y renueva mi mente, mi cuerpo, mi alma y mi espíritu. Contigo todo es posible. Amén.

Reflexiones en una semana tempestuosa

No hay recompensa más grande que trabajar
desde el corazón y cambiar el mundo.

—*Carlos Santana*

Alguna vez has tenido una de esas semanas en las que, a pesar de cuánto intentes mantenerte animado, contento y positivo, simplemente no puedes? Por supuesto que sí. Así me he sentido esta última semana. Los eventos sucedieron tan rápido, que me fue difícil seguirles el paso. Hablé con personas que se dedican todo el tiempo a las noticias y las redes sociales, intentando procesar lo que sucedía en tiempo real y descubrir su significado. Algunos me dijeron que no podían soportarlo y apagaron todos sus aparatos electrónicos. Sin dudas, son tiempos confusos y caóticos. Pocas cosas parecen seguras. Es difícil divisar el camino a seguir. Es difícil sacar conclusiones cuando todo parece cambiar más rápido que el tiempo necesario para ello. Por eso, en épocas así, intento alejarme del ruido para poder comprender lo que pienso.

¿Cómo lo hago? Leo y escucho a otros, cuyas palabras y pensamientos me animan y me ayudan a enfocarme en cosas positivas. No se trata de ingenuidad, sino de reconocer que podemos elegir cómo responder al ruido y el torbellino que nos rodean. Me acerco a las personas que respeto y siento que me pueden dar alguna perspectiva, y me recuerdan que hemos vivido antes otros momentos tumultuosos. Los turbulentos años sesenta, por ejemplo, los asesinatos, Vietnam, Watergate, la renuncia de un presidente, el escándalo Irán-Contra, terribles desastres naturales, el 11 de septiembre. La lista es larga. La claridad y la calma siempre vuelven, pero toma tiempo.

Aléjate y respira. Acércate a los sabios que lo han visto todo y han sobrevivido para contarlo. Sigue las noticias, pero no te quedes atascado en ellas para que no te consuman. Toma una determinación y enfócate en las cosas buenas que puedes hacer en tu vida, ahora. Nuestra comunidad, nuestro país necesitan lo bueno que podamos ofrecer. Necesitan que bajemos el nivel de agresión y aspiremos a un futuro de unidad más que de división. Me parece que todos estamos de acuerdo en que merecemos un futuro más brillante que oscuro, más positivo que negativo, más compasivo que crítico. Estoy decidida a impulsarnos hacia adelante y unirnos. ¿Me acompañas?

Querido Dios: Ayúdame a apartarme del ruido de hoy, a respirar hondo, calmar mi mente y mi corazón, y confiar en que te encargarás de toda la incertidumbre que siento por lo que no puedo controlar. Líbrame del miedo y la desazón cuando el camino adelante esté oculto y sea confuso. Gracias por todas las personas sabias que me has dado, cuyas palabras y actos me elevan por encima de lo negativo y de la crítica, y me dan la claridad y la perspectiva positiva que necesito. Ayúdame a detenerme y escucharlos, y a recordar lo que han dicho para que pueda reenfocarme en lo bueno que puedo hacer por otros. Incluso, si no veo el camino frente a mí, estoy segura de que mi futuro está en tus manos. Amén.

Mis reflexiones de Pascua

No está aquí. ¡Resucitó!

—*Lucas 24:6*

Durante la Pascua celebramos la resurrección. No solo la de Jesús, cuando se levantó de entre los muertos, aunque esa es la metáfora que he escogido, sino también la que cada uno de nosotros elija para su propia vida.

Mi hermano Timothy me pidió que pasáramos tiempo juntos, así que nos fuimos un fin de semana a un retiro en Nuevo México que organizó el padre Richard Rohr. Fuimos a escuchar, a aprender, a conectarnos y a estar juntos y en paz con nosotros mismos. (Su hermosa hija Rose vino también). Con el padre Rohr se encontraban William Paul Young, autor de *La cabaña*, y Cynthia Bourgeault, sacerdotisa episcopal y mística moderna.

El fin de semana fue conmovedor, significativo y profundo, y culminó con una hermosa misa. Me dio tiempo para pensar en mi propia historia y en las altas y bajas de la vida; no solo la mía, sino la de todos, pues como dijo el padre Rohr, si tenemos un alma, debemos reconocer que los demás también tienen una, con altas y bajas, luz y oscuridad.

El tiempo que compartí con esas maravillosas almas fue reconfortante. Estos son veinte consejos que aprendí:

1. Lo que está roto en ti te hace humano, no te hace malo. Todos estamos unidos en nuestras fracturas y nuestro sufrimiento. Reconócelo.

2. Las revelaciones se dan de adentro hacia afuera, no de afuera hacia adentro. Síguelas.

3. Creemos que necesitamos conocer a alguien antes de poder amarlo, pero el pensamiento divino ama *antes* de conocer. Ama incondicionalmente.

4. Uno de los más grandes retos que enfrentamos hoy es la pérdida de significado. Encuentra significado en donde puedas.

5. La religión se ha centrado demasiado en los pecados. Nos enseñaron que nuestros pecados nos separan de Dios, pero no es cierto.

6. Si siempre debes convencer a tus padres de que te amen, es porque no sientes que lo hacen. Nota para los padres: Enfóquense en dar el amor que sus hijos buscan.

7. Hay momentos en nuestra vida en los que estamos ciegos y, de repente, podemos ver. Abre tu mente a otras formas de pensamiento y observación. Eso te sacará del pensamiento dual que ve todo como bueno o malo, correcto o incorrecto. Abre tu mente a una tercera forma.

8. La mente contemplativa se aproxima a las cosas en su totalidad. Sé contemplativo en tus actos. La contemplación y la acción van de la mano.

9. La mayoría de los pensamientos son solo el producto de una mente obsesiva. Encuentra la forma de apagar la tuya.

10. Tienes que moverte el tapete a ti mismo. Solo entonces podrás nadar en la corriente. Al elegir aceptar las sorpresas que la vida te da, podrás aceptar el flujo.

11. La entereza es la correlación entre la forma de tu ser y la verdad de tu ser. Y lo cierto es que eres una muy buena creación. Nota para uno mismo: Acepta esa verdad tal cual.

12. Lo contrario de "más" es "suficiente". Recuérdalo.

13. Para que importe tu "sí", tu "no" debe importar también.

14. Todo se reduce a tu capacidad de estar presente. Tu mente vaga por el pasado y el futuro. Trabaja para enfocarla en el ahora.

15. La mayor parte de nosotros sentimos vergüenza de nuestro cuerpo, y por eso lo castigamos. Integrar tu mente y tu cuerpo te ayuda a estar presente.

16. Mírate a ti mismo como quien hace la labor de Dios. Si te ves así, verás que los otros también hacen la labor de Dios.

17. Muchas veces nos aferramos a las historias que otros hacen sobre nosotros mismos. Conoce tu propia historia y cuéntala.

18. La electricidad solo puede operar como circuito. Tiene que haber alguien que dé y alguien que reciba. Recuérdalo.

19. Sabrás qué necesitas saber cuando necesites saberlo.

20. Tus experiencias te pertenecen solo a ti. Cada uno tiene una misión, un propósito y un llamado. Nuestro

reto, este y todos los días, es estar a la altura de ese llamado.

El último pensamiento que te dejo es este: nunca hubiera ido a ese retiro si mi hermano Timothy no me hubiera pedido que apartara un poco de tiempo para estar con él. Estoy muy contenta de que lo hiciera. Así que, cuando alguien a quien amas te pida tiempo, dáselo. Harás tu propia lista de consejos gloriosos.

Querido Dios: Te celebro como el Dios de la resurrección. Hay sueños que tuve y áreas de mi vida que parecen marchitas y muertas hace mucho, pero tú tienes el poder de ayudarme a devolverles la vida. Siempre traerás nuevos caminos para andar, y tu gracia siempre será fresca y abundante. Amén.

Tiempo para descansar

Cada día, tenemos la posibilidad de resetear nuestra vida. Reenfocarnos. Reimaginar. Reestablecer. Cada día, podemos decidir cambiar nuestros puntos de vista, nuestras palabras, nuestro tono y nuestra actitud.

—*Maria*

Reflexionar. Recordar. Descansar. Recargar. Eso es lo que quiero hacer, pues siento que todo se mueve demasiado rápido: nuestra política, nuestras conversaciones, nuestras relaciones y nuestras vidas. En medio de tanta prisa, nos lanzamos curvas, nos decimos cosas hirientes, ocurren malentendidos y suceden locuras. Y nadie se toma tiempo para decir: "¡Oye, espera un minuto!".

¿Qué estamos haciendo? ¿Qué estamos pensando? ¿Hacia dónde vamos? Paremos. Descansemos un instante. Reflexionemos sobre lo que está ocurriendo ahora y lo que ya sucedió. Tomemos un momento para recobrarnos, reenfocarnos, recargarnos y seguir adelante de una manera más unificada. Lo digo sincera y seriamente. Es tiempo de que todos —sin importar el sexo, la edad, la raza, el género o la inclinación política— seamos más conscientes, más considerados y más compasivos, así como también menos iracundos y críticos.

Ahora, antes de que grites: "¿Cómo puede hablar de descansar cuando hay bombas explotando que matan a niños pequeños, políticos que amenazan con cortar programas que para muchos significan la diferencia entre la vida y la muerte, el hielo de los polos se está derritiendo, Washington está inmerso en pelear y competir, insultar y lapidar, y parece que el mundo se está cayendo a pedazos?", te diré que este es el mejor momento para, de hecho, descansar.

Ahora bien, descansar no es algo que aprendí de niña. Diría que hasta se veía mal en mi casa. Si alguno de mis padres veía a alguien descansar... bueno, digamos que nadie se atrevió a intentarlo. Pero me he dado cuenta de que descansar es algo valioso. Detenerse a descansar no implica debilidad o cansancio. No significa que algo esté mal contigo o que no seas patriota (incluso sabiendo que a los estadounidenses les gusta pensar en sí mismos como la gente más competitiva y decidida del planeta).

El descanso es importante para tu mente, tu cuerpo y tu corazón. Cuando descansas, puedes recargar y reenfocarte. Puedes soñar y conectarte con tu conciencia y tu espíritu creativo. Puedes ponerte en contacto contigo mismo y con tu propia misión y tu propósito. He corrido mucho en la vida, solo para aprender que la mayoría de la gente exitosa tiene mejores resultados cuando se toma el tiempo de reducir la velocidad.

Cuando las personas se detienen a descansar, son más

consideradas, están más enfocadas y están más en paz consigo mismas y con la gente a su alrededor. También son mejores padres, mejores parejas y mejores profesionales. La gente que hace tiempo para descansar obtiene resultados, y lo hace sin crear un caos ni una carnicería en sus ratos de vigilia. Así que, antes de decirte a ti mismo: "No puedo descansar. Simplemente no tengo tiempo para reflexionar y recargarme. Tengo mucho que hacer...", confía en mí. Yo también habría dicho esas mismas palabras hace algunos años. Pero aprendí esto: Todos nos dirigimos hacia el mismo lugar de todas formas, ¿cuál es la prisa?

En este fin de semana, en que se conmemora el Día de los Caídos y que marca el inicio no oficial del verano, voy a incluir el descanso en mi tiempo libre. De hecho, voy a incluirlo en mi verano y en mi vida. También voy a pasar tiempo este fin de semana recordando a todos los militares, hombres y mujeres, que dieron su vida por nuestro país. Quiero presentarles mis respetos y extender mi gratitud a las familias que dejaron y que han tenido que luchar solas para recuperarse de la pérdida.

Hace pocos años, otro fin de semana en el que se conmemoraba el Día de los Caídos coincidió con el que hubiera sido el cumpleaños número cien de mi tío, el presidente John F. Kennedy. Entonces hice un tiempo para reflexionar sobre su legado, las causas por las que peleó en la Segunda Guerra Mundial y a las que dedicó su vida política, y el motivo por el que sus palabras tienen tanto impacto hoy en día. Eso me hizo pensar: "¿Qué es lo que yo defiendo? ¿Qué es lo que yo estoy haciendo por mi país? ¿Cómo yo estoy retribuyendo? ¿En qué yo contribuyo al bien común?" (Quejarse y despotricar en Twitter no es servir al bien común, por cierto).

Por favor, detente y reflexiona sobre quién y qué es importante para ti y por qué haces lo que haces. Recarga tus baterías. Reenfoca tu determinación. Recuerda que estás entre los afortunados. Todavía estás aquí, así que todavía tienes la oportunidad de producir el cambio con tu vida y beneficiar a otros. ¿Por que no tomarla? Tómate el tiempo para parar y descansar, ahora. Porque, confía en mí, todavía tenemos mucho trabajo por hacer.

Querido Dios: Se siente como si el mundo se estuviera cayendo a pedazos, y mi mundo en constante movimiento gira con tensión. Tú nos enseñaste que querías que nos detuviéramos a veces para descansar el cuerpo, el alma, la mente y el espíritu; que recargáramos nuestras baterías y reenfocáramos nuestra determinación. Ayúdame a detenerme a reflexionar sobre lo que estoy haciendo y el por qué lo hago, y a saber cuál es mi propósito y mi misión en esta vida. Ayúdame a estar tranquila y a saber que tú eres Dios, y a escucharte hablar para que pueda seguir adelante con fuerza y seguridad. Amén.

Lo que agradezco este
Día de Acción de Gracias

Sally, el Día de Acción de Gracias es muy
importante. Nuestro país fue el primero en el
mundo que estipuló un día feriado nacional
para dar las gracias.

—*Charles M. Schulz*

El Día de Acción de Gracias es mi festividad favorita
porque celebra lo que es importante en mi vida:
la familia, los amigos, la fe... ¡y la comida! Debería
añadir el fútbol, que también es parte de la festividad en
nuestra casa.

El Día de Acción de Gracias gira en torno a la gratitud. Es un día para reunirse. En lugar de envolver y
desenvolver regalos, es un día para estar presente en la
vida de tus seres queridos. Todos los años viajaba a Washington a celebrar con mis padres. Era algo con lo que
contaba y esperaba cada año: reunirme con mis hermanos y sus familias, ver a mi papá cortando el pavo y a mi
mamá con el rostro alegre sentada en la cabecera de la

mesa, ambos disfrutando el amor y las risas de la familia que construyeron.

Tras la muerte de ambos y el cambio en mi propia situación familiar, luché por inventar una nueva tradición para el Día de Acción de Gracias. Al principio, me invitaban a las celebraciones de mis amigos, pero me di cuenta de que siempre había sido una fiesta importante en mi vida y quise iniciar mi propia tradición. ¿Cómo lograrlo? Algo que siempre admiré de las celebraciones de mis padres es que incluían a todos, incluso a quienes sus hijos quisieran invitar. Así que empecé a hacerlo también. Lento, pero seguro, mi mesa se fue llenando y poco a poco nació una nueva tradición.

Lo que ocurre el Día de Acción de Gracias es algo poderoso. Muchas veces he recibido a personas que no nacieron aquí, que crecieron sin conocer esa fiesta y que han llegado a amarla porque se trata de ser bienvenidos en la mesa. Se trata de aceptar y de ser invitado. Reúnanse alrededor de tu mesa. Invita gente. Celebra con las personas que amas y te importan. Escucha, aprende, ama. Enfócate en lo que te hace sentir bien y en lo que te hace sentir seguro. Enfócate en tus bendiciones. Enfócate en tu gratitud.

¡Y no tiene que ser el Día de Acción de Gracias! Al ver cuánta gente disfruta la ocasión, empecé a pensar en una nueva tradición: la cena de los domingos. Cada domingo invito gente a mi mesa para reunirnos, comer y reír. Es una tradición que mis hijos han llegado a amar y yo a contar entre mis preferidas. Comida, familia, amor y risas. ¿Quién dice que solo podemos hacerlo una vez al año?

Querido Dios: Gracias por la experiencia de encontrar deleite, incluso en las cosas más sencillas de la vida. Ayúdame a nunca dar por sentadas tus bendiciones. Gracias, gracias, gracias. Amén.

Lo que llevo conmigo cada Año Nuevo

Sigo volteando hojas nuevas y arruinándolas,
como solía arruinar mis cuadernos, y creo
tantos principios que nunca habrá un final.
—*Laurie, en* Mujercitas,
de Louisa May Alcott

Los primeros días de un nuevo año son emocionantes. Tenemos la oportunidad de hacer que sea mejor que el anterior, en lo personal, profesional y político. El Año Nuevo pasado escribí todas las cosas que quiero enterrar o quemar, o aquellas de las que solo quiero dejar de quejarme, e hice una lista de las cosas positivas que quería cultivar en el nuevo año. Hacer ambas listas es una práctica útil que llamo "enterrar y llevar". Estas son las listas de las cosas que enterraré y llevaré este año:

Lo que quiero enterrar este Año Nuevo

Esa voz crítica en mi cabeza. Es tan crítica, tan imprecisa y tan aburrida, que quiero hacerla explotar y enterrarla de una vez por todas.

Mi miedo. Quiero agarrar mi miedo por ya tú sabes dónde. No tiene cabida en mi vida en este nuevo año. El tiempo se acorta, pero el miedo me mantiene corriendo en el mismo lugar. Lo voy a enterrar.

Las comparaciones. Aun cuando sé que las comparaciones nunca traen nada bueno, sigo comparando mi trabajo con el de otros, mis logros con los de otros, mi físico con el de otros, mis relaciones con las de otros, y la lista sigue. Suficiente. Ya no más.

El control. También lo dejaré ir. De todas formas, no funciona. No puedo controlar lo que la gente piensa, dice o hace, así que voy a olvidar esa ridiculez.

Lo que quiero llevar al Año Nuevo

Mi práctica de gratitud. Cada mañana agradezco a Dios por mi fe, mi familia, mis amigos y mi salud. Quiero seguir haciéndolo.

Mi meditación. Quiero mejorar eso, pues me hace mejor en la vida.

Mi salud física y mental. Quiero volverlas una prioridad realmente, y buscar tiempo para ambas. Van de la mano y merecen atención y práctica cotidiana.

Mi misión. Quiero ser más audaz con mi misión cada año. Quiero jugar un papel en la lucha por desentrañar el misterio alrededor de la enfermedad de Alzheimer: por qué dos tercios de los cerebros diagnosticados con Alzheimer pertenecen a mujeres. Es algo aterrador e inaceptable. Sé que necesito ayuda para lograrlo, así que voy a enterrar mi ego y seguir pidiendo ayuda, incluso cuando me pidan que me vaya. Continuar con esta misión podría ayudar a millones de familias.

Mi voz. También quiero ser más audaz con mi voz. Soy periodista, pero también soy ciudadana de este gran país. Quiero escuchar más mensajes positivos e inspiradores que nos impulsen hacia adelante. No solo a algunos. No solo a las mujeres. No solo a las personas de color. A todos.

Cada Año Nuevo ofrece la oportunidad para que todos usemos nuestra voz para el bien: retar lo establecido, imaginar lo que podría ser, y avanzar, nosotros y la humanidad, hacia ello.

Querido Dios: Vivir con remordimientos y culpas por mis errores pasados es una pesada carga. Libérame de las cadenas del remordimiento por cosas que hice y que desearía poder cambiar. Por favor, ayúdame a saber en mi corazón que puedo empezar de nuevo cuando yo lo decida. Libérame para poder mirar hacia adelante y no hacia atrás. Amén.

No me llames una madre con el nido vacío

Todo el arte de vivir radica en la fina mezcla
entre dejar ir y aferrarse.

—*Havelock Ellis*

Cuando mi hijo más joven, Christopher, se graduó
de la preparatoria, pensé en la idea de dejar ir.
Me dije a mí misma que estaba lista porque él lo
estaba, y vaya si me equivoqué. No estaba lista para desprenderme, para el flujo de emociones, para la pérdida.
Y, realmente, no estaba lista para todas las preguntas que
me hacía la gente alrededor.

"¿Y ahora qué?" (*Ah…*).

"¿Qué vas a hacer con todo ese tiempo libre?"
(*¿Tiempo libre? ¿Qué es eso?*).

"¿Qué vas a hacer por las noches, con lo acostumbrada que estabas a cenar con él?" (*No sé. ¿Aprender a
bailar?*).

"¿Qué vas a hacer con su cuarto?" (*¿Por qué? ¿No va
a venir en Navidad?*).

"¿Qué vas a hacer con su perro?" (*Dormiré yo con él*).

"¿Qué vas a hacer contigo?" (*¿Tengo que hacer algo conmigo?*).

Mis amigas de Facebook me dieron sólidos consejos:

"Ahora es tu turno. Tómate un tiempo para ti misma", dice Sandy.

"Mantente ocupada. Ayuda a otros", dice Kate.

"Usa lentes oscuros cuando te despidas", dice Connie.

"Date dos semanas para acostumbrarte", dice Val.

"Date seis meses. Te encantará", dice Lynne.

Así que, cuando llegó el momento, respiré hondo, mudé a mi bebé (ay, perdón, "a mi hombrecito") a un dormitorio universitario y me fui. Me ayudó ver lo feliz que estaba Christopher. Me ayudó que me dijera: "Mamá, hiciste un gran trabajo. No te preocupes. Estoy bien". Me ayudó saber que le di lo mejor que pude y que se convirtió en una versión más dulce y más amable de mí misma, una que yo disfruto ver. También me ayudó el que, después de mudarlo al dormitorio, tuviera un partido de fútbol para el que yo no tenía boletos, así que me vi más o menos forzada a irme y regresar a mi vida.

¿Y ahora qué? Bueno, me voy a dar esas dos semanas que me sugirieron (quizás, incluso, me permita esos seis meses). Voy a planificar cenas con amigos que no he visto en casi ¡veintisiete años! Voy a continuar con mis cenas familiares los domingos, pero voy a seguir expandiendo el concepto de familia. También voy a tirar cualquier "ropa de mamá" que aún haya en mi closet por no sé qué razón, y a buscar aventuras en cada momento de mi vida. Voy a enfocarme en la misión de encontrar una cura para el Alzheimer y voy a empoderar mi alma y mi corazón.

¿Qué tal? ¡Tengo mucho que hacer! Y eso fue solo el primer día. Así que, en este bendito día en que canonizaron a la Madre Teresa de Calcuta, voy a concentrar mi amor maternal en mis otros hijos adultos que todavía viven en la ciudad, y voy a cuidar de mí y de todos los que aparezcan buscando un poco de amor maternal. La Madre Teresa me enseñó a tener fe, a permanecer en ella, a seguir adelante, a ser útil y a nunca, jamás, dudar del poder —en realidad, el milagro— del amor maternal. Comprenderlo me hace darme cuenta de que el calificativo de nido vacío es un término inadecuado o, mejor dicho, una etiqueta obsoleta. Porque, una vez que eres madre, eres madre para toda la vida. Un hogar amoroso siempre es un hogar amoroso (estén los hijos en el nido o no).

Cuando regresé a casa después de mudar a mi hijo a su dormitorio, tenía el corazón apesadumbrado y, no te mentiré, sentí un poco de miedo y de ansiedad al pensar en cómo iba a seguir adelante. Pero me senté, junté un poco de la fortaleza interior de la que siempre hablaba mi madre y me dije: "¡No hay nada vacío en mi nido, en mi hogar, en mí o en mi vida! ¿Quién tiene hambre?".

. . .

ACTUALIZACIÓN: Bueno, el nido no se quedó vacío durante mucho tiempo. Primero, mi hijo mayor se graduó de la universidad y se mudó de nuevo conmigo. Luego, una de mis sobrinas de la Costa Este se mudó aquí para terminar su último año en una universidad de la Costa Oeste. Cuando Christopher vino, antes de comenzar su segundo año, lo ayudé a mudarse a una fraternidad, donde ahora vive con otros veinticuatro jóvenes. Sí, veinticuatro. A veces creo que me conoce mejor de lo que yo me conozco a mí misma, porque cuando nos abrazamos para despedirnos me dijo: "Mamá, estoy bien. ¡Todo está bien!".

Sé que, en realidad, está más que bien. Le encanta su universidad. Le encanta la decisión que tomó de ir a estudiar allí. Le encanta su banda de hermanos. Y le encanta su vida. No hay un sentimiento mejor que el de ver a alguien que amas ser tan feliz. Y, mientras escribo esto, mi hijo mayor y mi sobrina están preparándose para mudarse otra vez. Nido vacío, ¡ahí voy!

Querido Dios: Gracias por los buenos amigos que has traído a la vida de mis hijos. Te pido que bendigas sus relaciones y ruego que un amor genuino y sincero salvaguarde sus corazones. Ayúdame a amar a sus amigos y a incluirlos en el círculo de nuestra familia. Que mi vida sea una bendición para ellos, como ellos son una bendición para mí. Amén.

Sesenta lecciones de vida para mi cumpleaños

Conforme permitimos que brille nuestra luz, inconscientemente le damos a otra gente permiso para hacer lo mismo. Conforme nos liberamos de nuestro propio miedo, nuestra presencia automáticamente libera a otros.

—*Marianne Williamson*

He estado pensando en los cumpleaños... ¡sobre todo en el mío! En nuestra familia, los cumpleaños son importantes. Siempre hay globos, tarjetas, regalos y pastel hecho en casa (mis hijos son los que saben hornear). Celebramos el regalo del amor, la risa y la vida. A mí me encanta tener cualquier excusa para hacer una fiesta, pero siempre me es un poco difícil celebrar mi cumpleaños, me saca de mi zona de confort. Ahora, con el apoyo de mis amigos y mi familia, estoy cambiando. Me permito ser celebrada, ¡aun cuando escribirlo todavía se sienta extraño! Lo diré de nuevo: *Me permito ser celebrada.*

A las puertas de una nueva década, me enfoco en todas las bendiciones que he recibido en mi vida y todas las lecciones que he aprendido. Estoy feliz de poder decir que miro hacia adelante, hacia la siguiente frontera, aun cuando admito que no tengo un plan maestro que me guíe. Pero no importa, los planes son solo planes y la vida tiene una forma peculiar de interrumpirlos. Los amigos y los familiares mueren sin avisar; la gente con que cuentas te falla. Puedes terminar decepcionándote a ti mismo, y decepcionar a otros. Pero también aparecen extraños que te guían hacia lugares insospechados. ¡La vida sí es un viaje mágico!

En mi cumpleaños número sesenta, estas son sesenta lecciones de vida que he aprendido. Compartí algunas con mis hijos y se pusieron a llorar y me preguntaron si me estaba muriendo (¡Dios!). Ahora las comparto contigo, para que te ayuden a vivir con más autenticidad, sin enjuiciarte a ti o a otros. La meta es que, cuando llegue el momento de partir, en lugar de arrepentirte de lo que no hiciste te sientas orgulloso de lo que hiciste. Aquí va:

1. Nada en la vida es predecible, así que deja de predecirla.
2. Encuentra todas las excusas que puedas para celebrar.
3. Deja de desear tener otra edad. Ama la edad que tienes.
4. Deja de preocuparte por lo que otros piensen. Es una enorme pérdida de tiempo.
5. Deja de preguntarte si Dios te escucha. Solo ten fe en que sí.
6. Agradece a todos los que te han amado o intentado amarte.

7. Considera que a veces pasan cosas malas en la vida. Crees que no podrás soportarlas, pero sí puedes y lo harás, como lo has hecho antes.

8. Sé amable con tu cuerpo, pues estará contigo toda tu vida.

9. Confía en mí cuando te digo que las dietas son una pérdida de tiempo. Ya las probé todas.

10. No le creas a la gente cuando te dice que puedes comer lo que sea y seguir siendo flaco. ¡Mienten!

11. Sé moderado con todo, menos con la risa.

12. No tengas miedo a ser padre. Confía en tu corazón.

13. Hazte amigo de los amigos de tus hijos. Te harán reír y te darán información valiosa.

14. Conserva un poco de ropa de la preparatoria. No para ver si todavía te sirve, sino por los recuerdos que te traerá.

15. Abraza a tus hijos una y otra vez y permite que alguien te abrace.

16. Aprende a manejar tu dinero lo antes posible.

17. Ahorra un poco de cada sueldo.

18. Compra sábanas cómodas, pues vas a pasar mucho tiempo en ellas.

19. Considera que, no importa cuán inteligente seas, no podrás cambiar a los demás.

20. No te metas en los asuntos de los demás. Lidiar con los tuyos es un trabajo a tiempo completo.

21. Sé amable, pues los demás están luchando también.

22. No te enredes en chismes. Siempre regresan para morderte el trasero.

23. No confundas los regalos con el amor.

24. No pierdas contacto con tus amigos de la infancia; preséntaselos a tus nuevos amigos. Crea una tribu grande que esté interconectada no solo por ti, sino entre ellos.

25. Pasa tiempo a solas cuando seas joven para que no te asuste estar solo cuando seas mayor.

26. Escribe notas de agradecimiento a quienes comparten su tiempo y su sabiduría contigo. Considera a ambos un regalo.

27. Mira a las personas a los ojos cuando hables con ellas y, al menos una vez, mira a alguien a los ojos durante cinco minutos seguidos. Aprenderás.

28. Siéntate a cenar con tu familia todas las noches. Si no puede ser a diario, elige una noche y asegúrate de que se convierta en una rutina familiar.

29. Juega con tus hijos. (Mis juegos favoritos son Captura la bandera y Uno).

30. Dales a tus hijos un pase para que falten a la escuela y pasen el día contigo.

31. Ten una mesa y una mente abierta.

32. Sé útil.

33. Viaja con tus hijos. Ampliará sus horizontes y fortalecerá los lazos entre ustedes.

34. No asumas que alguien es mejor que tú ni que tú eres mejor que otro.

35. No dejes de votar en las elecciones. Vivir en un país donde cada voto cuenta es un regalo. Úsalo.

36. Mantén el contacto con tus hermanos y no te metas entre ellos y sus parejas. Mis cuatro hermanos son mi pasado, mi presente y mi futuro, y amo a sus esposas.

37. Es un privilegio cuidar a tus padres en la vejez y la enfermedad.

38. Aprende a apagar la voz crítica en tu cabeza lo antes posible.

39. Cada año, escribe tus remordimientos, quémalos y deja las cenizas donde pertenecen: en la basura.

40. Escucha a tu instinto. Sabe más que cualquier persona a la que le pidas consejo.

41. Reza y medita. Te mantendrá en contacto contigo mismo.

42. Nunca pienses que tu trabajo es más importante que tu familia.

43. No pienses que te pasarán cosas malas. Aprende a abrirte paso, caminando con la cabeza erguida.

44. No permitas que nadie te humille. No pueden hacerlo si tú no lo permites.

45. Sé bueno para perdonar. Necesitarás practicarlo toda tu vida.

46. Considera que perdonar no significa dar un paso atrás, sino continuar adelante con amor. Tú decides cómo es eso.

47. Si quieres perdón, pídelo.

48. Aprende a dejar ir.

49. No esperes que la gente sea perfecta. Así como tú no lo eres, ellos tampoco lo son.

50. Aprende a comunicarte en tu propio hogar. Si no encuentras tu voz, consigue ayuda.

51. No pienses que pedir ayuda (ve el número 50) es señal de debilidad. Es señal de fuerza.

52. La terapia no es una pérdida de tiempo. Puede salvar una amistad, un matrimonio y tu vida.

53. Si te casas y la relación se rompe, no permitas que nadie te diga que fallaste, y no te lo digas tú tampoco. Agra-

dece el amor que tuviste, los recuerdos que creaste y las lecciones que aprendiste.

54. Si estás teniendo una fiesta de autocompasión, que sea corta y sigue adelante.

55. No te veas como víctima, sino como alguien valeroso.

56. Sé lo suficientemente valiente como para escribir tu propia historia y luego reescribirla.

57. Sé lo suficientemente valiente como para amar después de que te rompan el corazón.

58. Pasa tiempo en contacto con la naturaleza. Calma la mente.

59. Pasa tiempo con personas que te ven, te celebran y quieren lo mejor para ti.

60. Ten fe en que tus mejores días están por venir, en que tu próxima frontera dará paso al periodo más satisfactorio de tu vida, y en que mereces que te vean —incluso tú mismo— como una persona lo suficientemente buena, tal y como eres.

Uy.

Querido Dios: Gracias por esta vida, mi vida.
Gracias por mi fe en que lo mejor está por venir.
Amén.

Esperanza

Dicen que solo se necesitan tres cosas para
ser feliz en este mundo: alguien a quien amar,
algo que hacer y esperanza.

—*Tom Bodett*

Hace falta esperanza para seguir adelante. Todos
tenemos días en los que nos sentimos estancados, sin poder avanzar ni volver atrás. Cuando
me siento así, saco un poco de esperanza de mi bolsillo. Así es. Siempre he tenido esperanza de que todo irá
mejor, de que hay algo maravilloso esperando a la vuelta
de la esquina, esperanza para mis hijos, mis amigos, el
mundo y, sí, para mí misma. Solo necesito acordarme de
sacarla del bolsillo.

A veces, cuando parece que no tengo un respiro, cierro los ojos y pienso en lo que llamo el campo abierto. Es
un lugar de alegría, risas y comunidad, donde las personas a las que guía un propósito se reúnen a soñar, colaborar y hacer que sus vidas y su mundo sean mejores. Es
un lugar de esperanza. Por ahora es solo una idea, pero
tengo fe en que no siempre será así. Espero que podamos
encontrar un lugar común, real, donde gente de dife-

rentes generaciones y creencias se encuentren y puedan coexistir y cuidar unos de otros y de su hogar común.

Esa esperanza me ayuda a seguir y le da sentido a mi vida. Cuando sientas que todo lo demás falla, cuando no se te ocurra nada más que pensar o hacer, cuando parezca que no encuentras la solución, busca en tu bolsillo y saca un poco de esperanza. Y, con la esperanza en tu corazón, sigue adelante hacia tu propio campo abierto.

Querido Dios: Por favor, ayúdame a que no pierda la esperanza. La esperanza me ayuda a seguir adelante. Por favor, ayúdame a conservar la esperanza en mí misma, en mis vecinos, en la humanidad. Por favor, ayúdame a mantener viva mi esperanza. Con esperanza en mi corazón, creo que mis mejores años están frente a mí. Ruego que así sea.

Epílogo

¿Quién soy?
¿Por qué estoy aquí?
¿Cuál es mi propósito?

Tres preguntas
Tres preguntas profundas y punzantes
¿Puedes responderlas?

Si es así, eres afortunado
y probablemente ya vives una vida hermosa y plena
Si aún no estás ahí, no pierdas la esperanza
Solo sigue regresando a esas tres preguntas

¿Quién soy?
¿Por qué estoy aquí?
¿Cuál es mi propósito?

Porque eres único
El porqué estás aquí es solo tuyo
Y también tu propósito

No me digas que no tienes un propósito
No pienses que no hay nada especial en ti
No creas que tener una misión y un propósito son solo
para otros
Están ahí para cada uno de nosotros

Es tu destino vivir una vida plena
No tengo dudas al respecto
Por eso estás aquí

No estás aquí para ser el eco de alguien
El apéndice de alguien
La víctima de alguien
Estás aquí para cumplir tu llamado y tu misión

Así que
mantén los ojos abiertos
mantén tu mente abierta
mantén tu corazón abierto
Hay sentido en todo

Igual que el amor
Depende de cada uno encontrarlo

Sigue buscando
sigue pensando
sigue escribiendo
sigue soñando
sigue levantándote cuando la vida te tumba

sigue intentando
sigue peleando
sigue riendo
sigue amando

Imagínate al final de tu vida, de pie en un campo abierto

Cómo te sientes
Quién está contigo

¿Ya descubriste la respuesta a esas primeras tres
preguntas?
Por supuesto que sí

Recuerda las respuestas
Avanza hacia esa visión
Es tuya para hacerla realidad

Puedes hacerlo
Sí, puedes
Estoy muy feliz por ti

###

¡Ah! Una cosa más: el poder de reconsiderar

Hay un momento en la vida en el que toca
hacer un inventario de lo que fue, lo que es
y lo que puede ser. No te aferres a las cosas
que no te dejan convertirte en la persona que
puedes ser.

—*Maria*

He estado pensando en hacer un inventario y reconsiderar. Por lo general, hago una especie de inventario cerca de Año Nuevo, pero no puedo esperar hasta entonces. Simplemente, no puedo. ¿Por qué? Porque mi corazón me llama. Porque mi cuerpo me ha estado gritando que preste atención. Porque mi mente me dice que deje de aferrarme a creencias pasadas que ya no se sostienen ni me son útiles, que hacen tanto ruido en mi cabeza que me han estado causando migrañas y un poco de lo que llaman "vértigo y daño vestibular". ¡No preguntes qué es!

No fue una sola cosa la que me llevó a ese punto, sino una serie de murmullos y, luego, el golpe de unas vigas de dos-por-cuatro sobre mi cabeza. Si he aprendido algo en la vida, es a prestarles atención a los murmullos y a las vigas de dos-por-cuatro, porque por lo general preceden a un *knockout*. Lo que me ha hecho sentir fuera de sincronía y de ritmo son creencias pasadas a las que sigo aferrada, pese a que ya no me funcionan.

Me hacen sentir mal: sobrecargada, pretenciosa, prejuiciosa. Y ¿sabes?, no quiero sentirme así nunca más. Porque, como diría mi madre: "Te hace ver poco atractiva". Y, como experimenté hace poco, no ser atractiva no es la peor parte. Así que, adelante. Estas son algunas cosas que ojalá hubiera sabido antes, pero la única manera de aprenderlas fue vivir lo que he vivido.

Trabajo

Solía juzgar mal a la gente que no trabajaba intensamente. Estaba equivocada. Trabajar como un loco solo te vuelve loco. Puede volverse una adicción. Te enferma. Deja el trabajo en su lugar. No lo vuelvas el centro de tu vida.

Política

Solía pensar que el partido demócrata tenía todas las respuestas. Estaba equivocada. Ambos partidos han contribuido a la división de este país. Ambos partidos han llevado nuestro discurso cívico a este lugar desagradable y mezquino. Dejé el partido demócrata hace algunos años para registrarme como independiente. Ahí yace mi esperanza.

Catolicismo

Solía pensar que la Iglesia católica tenía todas las respuestas, y luego desperté. Recuerdo vívidamente el miedo abrumador que sentí la primera vez que falté a una misa el domingo. Pensé que iría al infierno por esa infracción, pero, oh, sorpresa, no fue así. Luego, cuando tampoco pasó nada malo la primera vez que comí carne en lugar de pescado un viernes, empecé a darme cuenta de que la Iglesia no lo sabía todo. Sí, amo al Papa Francisco y a las monjas, me encanta el Sermón de la Montaña y la plataforma de justicia social de la Iglesia, pero no puedo soportar sus posiciones respecto a la mujer, los homosexuales, el pecado, el divorcio, los anticonceptivos, la eutanasia... ni la forma en que ha manejado los numerosos casos de abuso sexual por parte de los sacerdotes. Pese a todo, todavía me consuelo yendo a la iglesia y estando en comunicación con quien sé que es un Dios amoroso y misericordioso. Y todavía me considero una buena católica.

Hombres

Crecí en una familia en la que había mucha testosterona. Pensé que eso significaba ser hombre. Estaba equivocada.

Bondad

Pensé que la bondad era debilidad. Dios, estaba equivocada. Ahora es la cualidad que más busco en un amigo.

Sexo

De niña solo supe de sexo a través de María Magdalena, y cualquier mujer católica de mi edad sabe lo que la Iglesia piensa de María Magdalena. En lo que a sexo respecta, todo giraba en torno a la culpa y la vergüenza. Pero, como madre, hablo abiertamente con mis hijos al respecto. Quiero que mis hijas se sientan bien con su sexualidad, no culpables ni apenadas. Quiero que mis hijos lo vean como un acto sagrado con quien aman, no un acto de control hacia una persona que intentas "poseer". Quiero que mis hijos tengan una relación positiva con su sexualidad y no juzguen a quienes tienen una sexualidad distinta de la suya.

Periodismo

Solía pensar que todos los involucrados en el periodismo buscaban la verdad, creían en los hechos y querían hacer el bien con su trabajo. Estaba equivocada. Hay muy buen periodismo y muchas personas grandes y nobles realizan ese trabajo, pero, como en todo, no son los únicos.

Dividir el mundo entre "real" y "falso" no le sirve a nadie. Somos afortunados de vivir en un país con libertad de prensa y nunca deberíamos subestimar ese derecho. Asegúrate de estar informado sobre lo que es real y lo que no.

Adicción

Cuando era niña, varias personas en mi familia lidiaron con las drogas. Me preguntaba por qué no podían parar. No comprendía las adicciones y no sabía lo difícil que era mantenerse limpio de drogas. No comprendía en absoluto el vacío que puede tener la gente en su interior, hasta que enfrenté el mío. Todos tenemos una forma distinta de llenar ese vacío y lidiar con el dolor y los miedos.

He aprendido que las adicciones no son solo un asunto de falta de voluntad. Muchas veces no es suficiente con querer parar. Es una enfermedad. Quienes lidian con una adicción necesitan nuestro apoyo, nuestra ayuda, nuestra compasión y nuestro respeto por su valentía. Lo veo todos los días.

Terapia

Vaya si estaba equivocada sobre esto. Yo pensaba que la terapia era para personas con enfermedades mentales, que habían perdido un padre o un hijo, o que eran suicidas. Estaba equivocada. Yo misma soy una beneficiaria de la terapia. Me ha ayudado tremendamente a navegar los momentos duros de mi vida, a ser más consciente, a perdonar y a ser una mejor persona. Recomiendo tomarla más temprano que tarde.

Salud

Yo pensaba que podía comer lo que quisiera durante el tiempo que quisiera. Caramba, sí que estaba equivocada. Las malas decisiones te pasan la cuenta y, antes de que te des cuenta, estás acorralado y no puedes salir. O pueden facilitar que el cáncer o el Alzheimer se apoderen de tu cuerpo. Por favor, vuelve tu salud una prioridad mucho antes de lo que yo lo hice. Y, cuando te decidas, explora a fondo tu relación con la comida. ¡Sorpresa! Las galletas no son sustituto del verdadero amor. No te aman de vuelta. Tampoco el pastel, los caramelos ni los Swedish Fish: yo los he "investigado" extensamente.

Descansa, tanto física como mentalmente. Cuando era chica, el descanso estaba prohibido. Mis padres nunca descansaban, así que tampoco lo hacíamos ni mis hermanos ni yo. Hoy sé que no está bien. El descanso no es flojera. Es vital para tu bienestar físico y mental. Se trata de recargar tus baterías físicas y mentales para que puedas seguir avanzando con todos tus cilindros.

Maternidad

Ni siquiera sé cómo empezar a describir lo mal informada que estaba sobre la maternidad. No sabía nada de la importancia y el poder del vínculo. No tenía idea de lo difícil y a la vez gratificante que es ser padre. Cómo quisiera poder darle las gracias a mi madre por su resistencia como madre de cinco.

Miedo

Solía considerarme temeraria porque esquiaba en los circuitos diamante negro, saltaba de acantilados, alzaba la voz y me hacía oír. El miedo era una mala palabra. Admitirlo era todavía peor que sentirlo. Hasta que me enfrenté cara a cara con el miedo que en realidad tenía en mi cuerpo y en mi mente. Pude reconocer cómo el miedo me había paralizado y seguía haciéndolo en ciertos momentos de mi vida.

Hoy me esfuerzo para reconocer mi miedo, sentirlo y aunar valor para hacer las cosas que me asustan emocionalmente, como compartir esta lista de vulnerabilidades y admitir que he estado equivocada respecto a varias cosas, que muchas veces he estado asustada y que me he sentido sola. Hablando de estar solo, muy pocas cosas me asustan más que estar sola. Para no estar sola, siempre llené mi vida y mi casa de gente, mucha gente. En parte fue porque, además de tener miedo de estar sola, temía *verme* sola. Si estaba sola tan siquiera un minuto, me parecía que siempre había estado así y viviría condenada a ello para siempre.

Bueno, bueno, bueno, ¡mírenme ahora! Soltera y con cuatro hijos adultos haciendo sus vidas... paso bastante tiempo sola. No me encanta, pero he aprendido la mayoría de las verdades que comparto hoy gracias al tiempo que he pasado sola, en silencio, reconsiderando mis creencias y a mí misma. Cada vez me siento más cómoda.

Matrimonio

Siempre pensé que la gente cuyo matrimonio se rompía se había rendido. Estaba equivocada. Admiro a las personas que trabajan en su matrimonio, pero también admiro a las que toman un nuevo rumbo. Y, realmente, admiro a las parejas que pueden seguir siendo amigos después de terminar su matrimonio, y a quienes no tienen miedo de amar después de resultar heridos.

Divorcio

Crecí pensando que el divorcio era un pecado. No podía estar más equivocada.

Éxito

Caí en grandes errores de juicio con relación a esto. Pensaba que, si trabajaba como presentadora en un programa de noticias de una cadena de televisión, me sentiría exitosa; si ganaba esos grandes premios nacionales de periodismo, me sentiría muy exitosa; si publicaba un libro que resultaba un bestseller, sentiría que lo había logrado. La lista es larga. Haz esto, logra aquello, y te sentirás exitoso.

Estaba equivocada. He aprendido que el éxito es un trabajo interno. Créeme, no crecí con ese mensaje. La gente que considero más exitosa no es la que antes solía considerar así. Ellos son los que aman y son amados, los que tienen bellas familias amorosas, los que laboran callada y pacientemente a la vanguardia de la vida. (Escribí esto antes de ver esa servilleta en la que Albert Einstein escribió: "*Una vida tranquila y modesta trae más felicidad que la búsqueda del éxito mezclado con una inquietud constante*", que se vendió por $1.3 millones en una subasta).

Perfeccionismo

Yo pensé que la perfección era alcanzable... por mí, ni más ni menos. Es imposible. Al principio te sientes empoderado y brillante al perseguir la ilusión de que puedes alcanzar la perfección, pero al final estás condenado a sentirte avergonzado porque la perfección es justamente eso: una ilusión inalcanzable.

Enfrentarme cara a cara con mi propia imperfección, reconocer mis defectos y aceptarme como soy —aquí y ahora— me ha permitido abrazar una versión más dulce, tierna y amorosa de mí.

Límites

Nunca había pensado que la palabra "límites" aplicara a las relaciones humanas, hasta que cumplí cincuenta años. Alguien sugirió que quizás tenía problemas para marcar y defender mis límites, y tuve que preguntarle a qué se refería. Ahora lo sé y los tengo.

Privacidad

Todos tenemos derecho a la privacidad y deberías defender la tuya, sobre todo en este mundo donde se comparte públicamente casi todo. Protege tu privacidad y la de tus hijos. Pon límites. Enséñales que no hay necesidad de compartirlo todo. Y apliquémoslo nosotros también. Comparte lo que creas que puede ayudar a otros y conserva el resto para ti. Será mejor para ti, para tus relaciones y para tus hijos. Ah, y sí, las figuras públicas también tienen derecho a la privacidad.

Lealtad

Yo crecí en una familia donde reinaba la lealtad. Lo escuchaba todo el tiempo: lealtad a la familia, a los amigos, a una fe en particular, a un partido político o a una persona. Pero no supe que a veces esas lealtades pueden aplastar la lealtad que te debes a ti mismo. Nunca escuché nada sobre la lealtad hacia uno mismo. Hoy, la lealtad hacia mí es más importante que mi lealtad hacia nada ni para con nadie. Aprendí que no es egoísta ponerte en el centro de tu propia vida. Aprendí que debes honrar y ser leal a la persona que te mira en el espejo. El precio de no hacerlo es demasiado caro.

Amor

Estaba tan equivocada sobre el amor, que no estoy segura de por dónde comenzar. Digamos que lo había entendido todo mal. Hoy tengo una idea completamente distinta de lo que es el amor. Valoro los pequeños actos de amor que hay a mi alrededor, de los cuales antes ni siquiera era consciente: Cuando alguien me lleva un café, me abre la puerta, camina conmigo, se sienta conmigo, me escucha, me lleva al médico, me espera, me mira de una manera que me hace saber que me está viendo, no a mi nombre, a mi familia o a mi puesto, eso es amor, puro y simple.

Conclusión: ¡Reconsidera!

Reconsiderar tu vida —ya sea por Año Nuevo, por tu cumpleaños o cuando estés sentado en el hospital junto a un amigo enfermo— puede ser doloroso por todas las cosas de que te arrepentirás y lamentarás, pero también puede ser increíblemente liberador. Incluso habiendo estado equivocada sobre muchas cosas en mi vida, al reconsiderar descubrí que también he estado en lo correcto muchas veces. He acertado con relación a la importancia de la familia, a ciertos amigos, a mi fe en un Dios más grande que yo o que cualquier persona o edificio, y a que hay algo en mí por lo que vale la pena luchar. Ahora que lo sé con seguridad, es algo que nunca tendré que reconsiderar.

Querido Dios: Por favor, guíame hacia adelante en mi vida. Ayúdame a deshacerme de creencias y opiniones que ya no me sirven. Ayúdame a dejar los juicios críticos sobre mí y sobre los otros. Recuérdame que desconozco los caminos y las penas de los demás. Ayúdame a seguir creciendo para convertirme en un ser humano más compasivo y cariñoso, tanto con los demás como conmigo misma. Amén.

Agradecimientos

Este pequeño libro es mi regalo para ti. Te ofrezco mis pensamientos, esperanzas, sueños y oraciones. Como siempre, no habría sido posible sin el apoyo generoso, el amor y la guía de estas personas:

Estoy profundamente agradecida con Jan Miller y Shannon Marven, con quienes me he asociado para producir cada uno de mis libros y quienes me animaron a darle vida a este; con la editora Pam Dorman, cuya paciencia y experiencia mejoraron mucho mi manuscrito; con Nayon Cho, quien trabajó conmigo en la cubierta; con mis hijos, Katherine, Christina, Patrick y Christopher, que me enseñaron muchas de las lecciones que menciono en este libro; con mis amigas Nadine, Erin, Patty, Lindsay, Kelsey y Margo, con quienes me he retroalimentado.

Y, sobre todo, gracias a mi amiga Roberta, que no desea que la mencione, pero que fue quien me ayudó a convertirme en la escritora que soy y con quien siempre he disfrutado trabajar, a pesar de que cualquiera que nos escuche juraría que estamos a punto de matarnos.